経営者の心得

PRINCIPLE OF CEO

新 将命

SOGO HOREI PUBLISHING CO., LTD

はじめに

企業の経営において、トップである経営者が担う責任の重さはいつの時代も変わらない。ことに世の中や経済の先行きが不透明な現代において、社員は自社の経営者の振る舞いや言動を見て、自分はこのままこの会社にいるべきなのか、別の会社に移るべきなのかを決める大きな判断材料とする。優秀な社員が去った企業に明るい未来が望めないのは言うまでもない。**会社を生かすも殺すも、結局は経営者自身の問題なのである**。

ところで、時代の変遷とともに正しい経営のやり方、経営者のあるべき姿が変わっていくのかというと、実はそうではない。私自身が長く、いわゆるグローバル・エクセレントカンパニーを中心に企業トップを務めた経験、および現在も様々な企業の社外取締役を務めている経験から言うと、経済状況の違い、お国柄の違い、企業の規模や業種の違い、オーナー経営者か雇われ経営者かに関係なく、不変の真理とでも言うべき、〝**優れた経営の原理原則**〟〝**成功する経営者の原理原則**〟があることがわかってきた。そして、私はこれらについて、これまで多くの書籍を著し、また講演や研修などで語ってきた。

本書はこれらを〝**経営者の心得**〟という形で集大成したものである。したがって、これまで私の著作を何冊も読んでいただいた方には既読感のある箇所もあるかと思う。しかし、大事なことについては、何度でも口を酸っぱくして伝える必要があると思っている。

今回は〝心得〟ということもあり、項目を箇条書きにすることを多用し、一つひとつについては簡略な説明に止めた。もっと詳しく知りたいと思われた方は私の既刊を読んでいただきたい。また、ご自分で大事なことと思われた点については、できれば手帳などに書き留めて、いつでも気軽に読み返せるようにしていただきたい。

ただし、今回意識的に過去の著作よりもウェートを置いて書かせていただいたことがある。それが後半の第5章「経営者とダイバーシティ（多様化）への対応」と第6章「経営者のコミュニケーション術」、及び第7章「経営者は失敗から学べ」の3章である。

「**ダイバーシティ**」とは最近とみによく聞くようになった言葉である。主に働き手や働き方の〝多様化〟という「ヒト」に関する文脈で使われている。これまではグローバル化やＩＴ化が経営環境の大きな変化だった。しかし、企業で働く従業員のうち、いわゆる非正規雇用の割合が約４割を占めるようになり、正社員の割合が約6割にまで減った現在、従来のような年功序列や終身雇用、プライベートよりも仕事を優先するような画一的な価値感を持った労働者はむしろ少数派になった。したがって、これからの経営者は様々なバックグラウンドを持つ人々をうまく束ねると同時に、彼らの持つ多様な個性を強みと捉えて経営に活かすという視点を持つことが重要になる。

相手が〝ヒト〟である以上、最後に重要となるのは**コミュニケーション**だ。私の以前からの持論の一つに、「経営者（リーダー）は、グレート・コミュニケーター（偉大なる伝達者）でなくてはならない」というものがあるが、ダイバーシティの時代に問われているのはまさにこのコミュニケーション能力である。「ビジネス上の失敗の8割はコミュニケーションが原因」という話もある。ダイバーシティの時代が本格的に到来した今、経営者として、あらためてコミュニケーションの大切さを知ってもらいたい。

そして、先行きの不透明な時代、多様な価値観の時代においては、**失敗に対する捉え方**も考え直さなくてはならない。イノベーションを起こす必要があまりなかったこれまでの日本では、失敗とは減点の対象だった。そのため、リスクをとって大きなチャレンジをする社員が少なかった。しかし、これからの時代、失敗はイノベーションを生み出すためには必要な過程であると考えるべきである。経営者はイノベーションを起こすため、あるいは人財を育てるという意味でも、前向きな失敗を奨励する文化を社内に醸成してもらいたい。

最後に、本書のタイトルを「社長の心得」ではなく、「経営者の心得」にした理由をお話したい。社長と経営者は同じようで実は違う。「社長」とはあくまでも役職の一つである。組織上はトップかもしれないが、世の中にはその座に甘んじるか、その座を守ることに汲々として本来の役割を果たしていない社長がいまだにいるように思う。一方、「経営者」とは、文字通り経営を担う人である。経営とは、主体的にミッション・ビジョンを持って企業を動かしていくことである。社長の職にある人々は当然経営者でもあるべきだが、これから経営者を目指す人々、すでに取締役として経営陣に名を連ねている人々にも本書を読んでいただきたくて、今回のタイトルとなった。

「経営者は3人のメンターを持つべきだ」というのは私の持論である。本書がそういう意味で、経営者の方々、経営者を目指す方々の〝ブックメンター〟となることができれば、これ以上うれしいことはない。

2015年10月

新　将命

目次

第1章 経営者が知っておくべき、経営の原理原則

第2章 経営者が身につけるべきリーダーの資質

第3章 経営者は企業の方向性を示せ

第4章

経営者が本当に行うべき業務

第5章

経営者とダイバーシティ（多様化）への対応

第6章 経営者のコミュニケーション術

第7章 経営者は失敗から学べ

装丁&本文デザイン　土屋和泉
本文ＤＴＰ　横内俊彦
編集協力　山中勇樹

第1章

経営者が知っておくべき、経営の原理原則

日常の細事を大切に処理しないで、
どうして物事が成立するだろうか。

安田善次郎（安田財閥創始者）

1

経営学とは人間学である

❖私が経営者を志した理由

私がこれまでに携わった企業は多岐にわたる。

シェル石油（現昭和シェル石油）、日本コカ・コーラ、ジョンソン・エンド・ジョンソンにはじまり、サラ・リーコーポレーション、フィリップス、日本ホールマーク、住友商事、ティーガイア、健康コーポレーション……。

今では数多くの講演を行い、書籍を執筆し、さまざまな経営者とも議論を交わしている。

メンターとして助言をしたのも一度や二度ではない。

そうした経験を経て得られたものを背景に、これから話を進めていこう。

世の中には二種類の人間がいる。

一つ目は「なりゆき人間」。朝、目が覚めたら会社に行き、一生懸命に働く。夜、遅くまで残業して帰宅する。家に帰ったらすでに子どもは寝ていて、奥さんは不機嫌な顔をして待っている。お風呂に入って食事をして寝る。翌日も同じように、朝、目が覚めて会社に行く……。毎日々々そのくり返し。

二つ目は「**目標人間**」。自分なりに短期と長期の目標をつくり、実際のアクションへと落とし込む。日々、達成するためのプロセスを着実に歩む。そして実際に達成していく。夢をかなえていく。惰性で毎日をくり返すことはない。

「なりゆき人間」と「目標人間」。ビジネスパーソンとして好ましいのは、当然、後者だ。もっとも、なりゆき人間といえども、必ずしも非難するにあたらない。なぜなら給料分の働きをしているからだ。ただし、こういう人は、自分の人生や生き方に対して、意識的な「付加価値づくり」を行っていない。惰性で生きているだけだ。ある意味において、なりゆき人間は、自己実現ができない分、損をしていると言えるかもしれない。

しかし、あきらめないでほしい。なりゆき人間は目標人間へと進化できる。

私が目標人間になったのは32歳のときだ。ちょうど、大学卒業後に入社したシェル石油（現昭和シェル石油）を10年勤めあげ、日本コカ・コーラへと転職をした。はじめての転職だった。

当時、転職する人は少なかった。良きにつけ悪しきにつけ、終身雇用・年功序列が普通だった時代。転職することは、会社を裏切るとまではいかなくとも、ある種の罪悪感を伴うものだった。

新卒で入社したシェル石油は、職場の雰囲気も、給与面も、文句のない会社だった。ただ、自分の成長機会を得るために、コカ・コーラに転職した。心の奥底には、「いずれは経営者になれる可能性のある会社に入りたい。そのためには、〝年功〟よりも〝年齢〟で序列が決まる日本企業ではなく、実力重視の外資系企業がいい」という意識があったと思う。

中学生の頃から父に言われていた言葉がある。

「鶏口《けいこう》となるも牛後《ぎゅうご》となるなかれ」

大きな集団の後ろにいるのではなく、小さな集団であっても長をめざすべき、という意味だ。昔から聞かされていたその言葉が、頭のどこかにあったのかもしれない。

自分ごととしては、次男が誕生したことも大きなきっかけとなった。次男が産まれたのと同時に、私の中に強い責任感が生まれたのだ。

目標人間になり、最初に立てた目標は、短期で「3年以内にこの会社（コカ・コーラ）でマーケティングのナンバーワンになる」こと、長期では「45歳までにいずれかの会社で経営者になる」というものだった。

コカ・コーラはマーケティングに強い会社だ。つまり、この会社でマーケティングのナンバーワンになれば、日本一のマーケターになれるかもしれない。そんな期待があった。言わずもがな、会社のトップは経営者だ。牛後ではなく鶏口である。

目標を決めてからは、達成するための具体的な方法を考えた。どういう人に会い、どういう本を読み、どういうセミナーに行ったらいいか。計画を立て、実行した。

自分の実力の評価は、自分ではなく、他人がするものだ。なので、日本一のマーケターになれたかどうかはわからない。ただ、私の中に、3年間で相当の実力がついたという実感は確実にあった。

❖マネジャー時代に気づいた、人間力の大切さ

34歳になり、私は日本人として初めて、コカ・コーラのブランドマネジャーに就任した。目標が一つの結果として表れたのだ。飛び上がるほどうれしかったことを覚えている。

部下は12人ほどついた。これまで以上に仕事に励んだ。ただ、どうもしっくりこない。部下の態度がよそよそしかったのだ。あからさまに反抗することはない。しかし、「仕事だからしかたなく、機能的に従っている」という感じだった。

原因はなにか、考えてみた。私はマーケティングの「スキル」と「知識」によって昇進した。その上で部下と折衝していた。相手の感情を考慮することなく、「実力がある者に従うのは当然だ」という思いがあったのだ。それが原因だった。

「**人は、論理によって説得され、感情によって動く**」という言葉がある。しかし私は、論理で説得し、論理で人を動かそうとしていた。それでは人はついてこない。人は、感情ベースで意思決定をして、あとから論理で裏づけすることが多いのだ。

マネジャーとして、私に足りなかったのは感情への配慮、つまり「**マインド**」だった。人望を得るために必要な「**人間力**」と言い換えてもいい。

論理に関するスキルも重要だ。だが、それ以上に、「**この人なら安心してついていける**」「**自分たちのことを本当に考えてくれている**」と思ってもらえる人間力がなければ、本物のリーダーにはなれない。それが、コカ・コーラのブランドマネジャーとして、私が学んだことだった。

それからは、デール・カーネギーを読み、安岡正篤を読み、伊藤肇の書を読み、マインドや人間力の勉強にも力を入れるようにした。すると、半年から1年ほどで、部下の私を見る目が変わってきた。対応がやわらかくなり、やさしくなり、職場には笑い声が出るようになった。北風が春風に変わった。

❖経営者になって気がついた、対立する2つの概念のバランス

1978年。グローバル企業の中でもトップ水準の会社である、ジョンソン・エンド・

ジョンソンに入社した。経営職を視野に入れた誘いだったが、社長を確約されていたわけではなかった。ジョンソン・エンド・ジョンソンでは、人をシリアス（真剣）に扱っていたのだ。何よりも「我が信条」（Our Credo）と称するすばらしい企業理念がある。その姿勢が気に入った。

ただ、入社を歓迎してくれたのは、全社員700人のうちわずか5％だった。つまり、ほとんどの社員からは歓迎されていなかったのだ。それでもひたむきにがんばった。コカ・コーラ時代の教訓を生かし、実践した。特に、部下を信頼して、責任の重い仕事を任せるようにした。

その結果、45歳でジョンソン・エンド・ジョンソンのトップになることができた。いま思えば、**人生の目的**（Purpose）をしっかりと見据え、**情熱**（Passion）があったからこそ、成し遂げられたのだと思う。

ジョンソン・エンド・ジョンソンの経営者になってからは、まず、**社員を元気にすることに注力した**。もともと会社の業績は悪くなかったが、社員に張りがないと感じていたからだ。疲労感、疲弊感、閉塞感という私が命名した「平成の3H」が社内に蔓延《まんえん》していた。社員の多くは不満や不安を抱えていた。そして、そのはけ口がなかったのだ。たとえて言えば、暗闇の先に希望、期待、楽しみ、喜びとなるような一筋の光が見えていなかった。原因は、短期の目標を達成することだけに明け暮れていたからだ。

そこで私は、**「理念・目標・戦略」からなる方向性を示すようにした**。具体的には、前述したジョンソン・エンド・ジョンソンの企業理念であるクレドー（「我が信条（Our Credo）」）を、ワーキング・ツールとして活用したのだ。そして、**理念から目標、目標から戦略を構築。次には戦略を戦術に落とし込む**。この流れを全社的に共有した。するとどうだろう。社内は明るくなり、やる気に満ちあふれる職場となった。短期の数字だけでなく、トンネルの先の光、坂の上の雲が社員たちにも見えるようになったのだ。いまだに当時の部下に会うと、「新さんが経営者だったときはとても楽しかったです」と言われる。

ピーター・F・ドラッカーの言葉にも、次のようなものがある。

「誰でも短期の目標は設定できる。誰でも長期だけを語ることはできる。重要なのは2つの間でバランスをとることだ」

一流の経営者ほど、対立する2つの概念をバランスよく実践することができる。短期と長期、品質とコストなど、それぞれの整合性を持たせることができるのだ。

その後、数々のグローバル企業で経営者を務めるようになってからも、当時の学びを忘れたことはない。理念がある会社では、存在する理念を徹底させた。理念がない会社では、社員を巻き込んでつくり、やはり徹底させた。あれば継続して徹底させる、なければつくったうえで徹底させる。それだけのことだ。

日本企業でも、他国の企業でも、経営の要点は同じだった。**社員に対して方向性（理念・目標・戦略）を示すこと。そして人財を育成すること。戦略を戦術に転換すること**。徹底的、継続的に現場展開を図ること。国籍も国境も関係なく、業種や業界の違いもない。企業規模の大小も関係ない。

経営者として私が学んだこと。それは、次の一言に集約される。

「**経営学とは人間学である**」

POINT

スキルや知識だけ身につけても、人を動かせない。
経営者に大切なのは「マインド」と「人間力」。

2 優れた経営に国境や業種の壁はない

❖経営には国境を越えた普遍的な原理原則がある

これまで、私は、イギリスのシェル石油にはじまり、アメリカのコカ・コーラやジョンソン・エンド・ジョンソン、オランダのフィリップス、そして日本の住友商事、ティーガイア、健康コーポレーション、といった各業界のトップ企業と深い関わりを持って働いてきた。社長職を3社、副社長職を1社、経験している。

そのなかでひとつの発見をした。それは、アメリカ企業だから優れているとか、日本企業だから優れていないなど、国や地域によって差が生じることはない、ということだ。

私が本書でお伝えしたいことは、「外資系企業でトップを務めてきたからこそわかる、外資系企業の強み」ではない。「**世界中のさまざまな企業でトップを務めてきたからこそわかる、勝ち残る企業経営の秘訣**」である。そもそも国や地域を前提とはしていない。

「あなたは外資系企業での経験が豊富ですが、外資系企業の強みとはそもそもなんでしょうか？」という質問をよく受ける。

そんなとき、私は次のように答えるようにしている。

「そんなものはありません。あるとすれば、優れた会社の強みがあるだけです」

要するに、「**優れた企業に国籍や国境は関係ない**」ということだ。ましてやグローバル社会である。国や地域による違いを考えるより、国境を越えた普遍的なものを意識したほうが現実的であり、建設的である。日本の経営者に必要なのは、アメリカ企業が良い、日本企業が悪い、というような二項対立ではない。**良いものを見抜く洞察力**である。

❖優れた企業とは「勝ち残る企業」

私なりに分析すると、すべての企業は次の3つに分類される。

①つぶれる企業
②生き残る企業
③勝ち残る企業

東京商工リサーチによると、2014年（平成26年）度の日本企業の倒産件数は9731件だそうだ。1日あたり約27社の企業が倒産している計算である。これが「つぶれる企業」だ。ベンチャー企業の8割が3年以内につぶれているとの説もある。

最も多いのが「生き残る企業」だ。どの業種・業態でも、およそ9割の企業が生き残る企業に分類される。いわゆる〝そこそこの〟企業だ。とりあえずつぶれてはいないが、この先どうなるかはわからない。

そして３つ目が「勝ち残る企業」だ。業績好調、売上も利益も右肩上がり、顧客には感謝され、社会からも評価されている。働いている社員は精神的にも金銭的にもイキイキとしている。**私が優れた企業と定義するのは、まさにこの勝ち残る企業である。**

ただ、残念ながら、勝ち残る企業は全体の10％に満たない。これはひとえに、経営者に原因があると言える。こうした現状は、数字で見てみると、よりリアルに実感できる。日本には約３００万の法人があるとされているが、コンスタントに税金を納め続けている企業は、全体の30％ほどしかない。つまり、約７割の企業が赤字なのだ。

❖経営者の責務とは、勝ち残る企業をつくること

経営者の責務とは、自分の会社を勝ち残る企業に育て上げることにほかならない。それ

により、すべてのステークホルダー（利害関係者）の幸せに貢献するのだ。

家業を継いだ経営者、雇われ経営者、グローバルトップ企業の経営者。経営者もさまざまだが、どんな立ち位置にいようとも、経営者の責務は変わらない。勝ち残る企業を創造し、維持し、さらには発展させること、ひいては世のため人のために尽くすこと、である。

では、具体的にどうすれば勝ち残る企業を創造できるのだろうか。3つある。1つは「**方向性を決めること**」。もう1つは「**人を育てること**」、そしてもう1つは「**結果を出す**」ことだ。

①方向性を決める（理念、目標、戦略）
②人を育てる（後継者育成）
③結果を出す（業績向上）

詳しい内容は第4章および第5章にて後述するが、簡単に説明すると、方向性を決めるというのは「理念」「目標」「戦略」を策定することであるし、人を育てるとはつまり「後継者育成」である。勝ち残る企業の経営者は、共通してこれらを実践している。

方向性を決め、人を育てることができれば、企業経営の８割は達成できていると言っていい。業績という「結果」は後からついて来る。

ジョンソン・エンド・ジョンソンはヘルスケア、フィリップスは電機、ホールマークは紙製品・グリーティングカードというように、私がトップを務めてきた企業はどれも、つくっているものも、売っているものも、顧客も、流通も異なっていた。それでも、一定の成果をあげられたのは、私が「経営者が担うべき責務」を果たしてきたからである。

くり返しになるが、**経営に国籍・国境、業種・業界の違いはない。あるのは勝ち残る企業に共通している原理原則だけだ。**

❖「経営にゴールはない」と経営者は心得るべし

読者の中には「企業のフェーズによって、経営者のやるべきことも異なるのでは？」と思っている方もいるだろう。たしかに企業には、創業期、成長期、成熟期、建て直し期など、さまざまなフェーズがある。

創業期には、経営者の実力を惜しみなく発揮するべきだ。自分の意思を強く主張して、クリエイティビティとドライブを働かせながら、なにもないところから新しいものをつくっていく。相当な力仕事になる。ドライブがない人はやっていけない。

成長期・成熟期には、整備された制度やシステムを使って会社の舵取りをする。特別なアクシデントがない限り、一定の巡航速度で動いていく。

建て直し期には、ビジネスモデルを見直し、必要なものと不要なもの、やることとやらないことを精査する。シャープに取捨選択する能力が求められる。捨象《しゃしょう》能力も求められる。

このように、会社のフェーズによって、経営者が特に力を入れてやるべきことは変わっていく。

ただし、誤解してはいけない。経営者は、「**自分の会社が常に建て直し期である**」と認識するべきだ。「自分の会社は建て直し期ではない」などと思っていては危険である。ともすると、「うちの会社は万全・盤石なので、このままで大丈夫。改革など必要ない」と言い出しかねない。どんなに儲かっていても、業績が好調で右肩上がりに伸びていても、会社というのは未来永劫、建て直し期なのである。少なくとも経営者は、そのようなメンタリティを持っていなければならない。

私が日本法人のトップを務めたホールマーク米国本社のＣＥＯは、次のようなことを言っていた。

「If you think you are good enough,you are finished.」

つまり、「もしあなたが自分をじゅうぶん立派な人間だと思ってしまったら、その瞬間にあなたは過去の人間になっている」ということだ。

経営者も同じである。自分の会社を「good enough」だと思い、伸びています、儲かっています、社員も育っています、お客さまの評判も上々です、などと公言すれば、その瞬間から会社は滅亡の途を歩むことになる。

経営にゴールはない。そのことを肝に銘じてほしい。

POINT

経営の原理原則とは、勝ち残る企業をつくるための原理原則。経営者は会社の方向性を決め、人を育て、結果を出す責務がある。

3

経営とは、地道な改善の積み重ねである

❖勝ち残る企業の原理原則は至ってシンプル

経営とは、優れた企業、つまり勝ち残る企業をつくることであり、それがそのまま経営者の責務となる。つまり**経営者が知っておくべき経営の原理原則とは、勝ち残る企業の原理原則と言っていい**。これは世界共通、普遍的なものだ。

「成功している会社はなぜ成功しているのか。成功するようにやっているからだ。失敗している会社はなぜ失敗しているのか。失敗するようにやっているからだ」

これは松下幸之助氏の有名な言葉だ。「経営の神様」と呼ばれた松下幸之助氏も、原理原則の重要性を説いている。

では、勝ち残る企業の原理原則とは何か。全体を俯瞰《ふかん》するために、まずは次のフローを見てもらいたい。

経営者品質→社員品質（満足）→商品・サービス品質→顧客・社会満足→業績→株主満足

これが勝ち残る企業づくりの流れである。このフローから言えることは3つだ。

①　経営の目的は株主満足にある

諸説あるものの、こと株式会社にとって最も重要な最終的責任の対象とは、株主である。株主に対して継続的に責任を果たし、満足してもらうことで、企業は成り立っている。その前提となるものに、モノやサービスの品質がある。

② モノやサービスより、まずヒトが大事

モノやサービスの品質を高める前には、まずヒトが来る。いくら優れた商品やサービスを開発しようと思っても、経営者や社員というヒトがいないと始まらない。当然、顧客や社会を満足させることも、業績を上げることも、また株主を満足させることもできない。

③ すべての原点は経営者である

そして、勝ち残る企業づくりの原点にあるのが経営者だ。経営者の品質は主に「経営力」「リーダーシップ」「倫理観」などで決まる。経営者品質が低ければ、勝ち残る企業をつくることなどできない。経営者が身につけるべき資質については第2章で詳しく書く。

経営者品質が高まると、社員の品質が上がる。すると、商品・サービスの品質も向上する。顧客や社会が満足する。その結果、業績が上向く。さらには株主が満足する。株主が満足することによって、経営者への評価も高まる。好循環となる。

難しく考える必要などない。勝ち残る企業の原理原則とは、つまり、これだけである。

❖経営力は「座学1割、メンター2割、修羅場7割」

経営者品質を高めるために、必要な資質は数多くある。学ぶべきことも多い。だが、とくに経営力については、座学で身につけるのには限界がある。

後継者育成の談でも詳しく述べるが、人が成長するのに必要なものは「**座学**」「**メンター**」「**修羅場**」だ。ただ、こと経営力について言えば、それぞれの割合は座学1割・メンター2割・修羅場7割である。

つまり、経営力の7割は修羅場を経験しなければ身につかない。これが二代目や三代目経営者に経営力が乏しい理由だ。優れた大学を出ていても、海外でＭＢＡを取得していても、経営学は学べても経営力は身につかない。修羅場とは、結果責任を伴った困難な仕事という意味である。

できることならラクをしたいと考えるのは、人間、誰しも当然のことである。ただ、経営者の場合には、そこで真価が問われる。**進んで修羅場を経験するバイタリティがあるか**

どうか。それが将来、経営者になったときの違いとして表れるのだ。

修羅場を経験すれば、挫折することもあるだろう。失敗して落胆することもあるかもしれない。私もかつて、いくつかの失敗をし、挫折を体験してきた。しかし、失敗や挫折があったからこそ、今の自分がある。

重要なのは、修羅場を経験して、そこから何を学ぶかだ。挫折や失敗は、その後のリカバリーによって大きな学びとなる。人間として成長できる。

失敗から何を学ぶべきか、どのようにリカバリーするべきかについては、第7章で詳しく書く。

❖優先すべきは「ビッグカンパニー」より「グッドカンパニー」

企業の成長に関して言えば、経営者が考えておきたいのは、自分の会社を「グッドカンパニー」にしたいのか、それとも「ビッグカンパニー」にしたいのか、ということだ。

もちろん、最も望ましいのはグッドカンパニーであり、かつビッグカンパニーでもあることだろう。ただ、どちらを優先するか選択しなければならない場合、経営者としてどう判断すればいいのか。

当然、**グッドを優先するべきだ**。ビッグを焦るあまりグッドを忘れてしまうと、社会的な信頼をおろそかにしてしまう恐れがある。大企業の不祥事をみればわかるだろう。グッドを犠牲にしたビッグは、やがて社会から排斥される。

ビッグになればなるほど、社会的な影響力も強まる。思い切った戦略も構築しやすい。しかし、その分、責任が伴うことを自覚しよう。

経営者は、会社をグッド＆ビッグにすることを目指すべきである。そして、いつでも先に来るのはグッドでなければならない。グッドにビッグが加わったときに、そこにはグレートカンパニーが生まれる。

❖「凡事徹底《ぼんじてってい》」がイノベーションを起こす

「経営とはなにか」の項で、経営にゴールはないと述べた。ゴールはない。あるのは通過点のみである。挑戦し続けること。それしか、企業を成長させる道はない。

企業が成長しないとは、つまり、停滞、さらにはゆるやかな死を意味する。だからこそ、改革を断行する力が必要なのだ。

時代が変わっている。世の中が変わり、人々のニーズも変化している。「**企業経営は変化に対応すること**」という言葉もあるように、変化に乗り遅れたまま生き残れるほど、経営は甘くない。

ただ、誤解してほしくないのは、**「改革＝思い切った変化」ではない**ということだ。いままでのやり方を根本から打ち壊し、ドラスティックな革命を起こすことだけが改革ではない。

イノベーション（創造的破壊）の必要性について、さまざまなところで語られている。しかし、毎日のようにイノベーションを起こそうとばかりしていては、企業経営は成り立たない。

では、経営者がやるべき改革とはなにか。**日々の改善**である。

たしかに5％のコスト削減はイノベーションとは言えないかもしれない。ただ、長期的に達成できればそれはやはり改革なのである。5％の削減を10年継続したらどうだろうか。

10年前と比較してなんと50％の改善である。これは改革（イノベーション）と言っていい。なるほど改善は地味である。イノベーションほどの派手さはない。ただ、毎打席ホームランばかり狙うよりも現実的で建設的だ。目に見える変化もある。

経営者は、率先して改善をするべきだろう。そして継続するのだ。そうすることで、大きな変化を生み出していく。決断すべきときには、イノベーションをも辞さない変革にも対応できるようになる。「改善も長く続けりゃ改革だ」ということだ。

経営の基本は、地道な改善の積み重ねでしかない。「凡事徹底」を胸に刻み、一つひとつの改善を徹底しよう。それが結果的に改革となり、イノベーションのもととなる。

Point

経営力は実際に経営してみなければ身につかない。経営者は率先して日々の改善を行うべきである。

本章のまとめ

- 経営者は、「理念」「目標」「戦略」を決め、方向性を示す
- 経営者は、人間力を身につけ、人を育成する
- 経営者は、国境を越えた視点で会社の強みを考える
- 経営者は、長期と短期の目標に対し整合性を持たせる
- 経営者は、常に会社が立て直し時期であることを意識する
- 経営者は、進んで修羅場を経験する
- 経営者は、会社をビッグよりグッドにすることを目指す
- 経営者は、日々の地道な改善を率先して行う

第2章

経営者が身につけるべきリーダーの資質

志のあるところに道は拓かれ、
求めるところに師は現れる。

鬼塚喜八郎（アシックス創業者）

1
経営者に必要なのは〝人気〟ではなく〝人望〟

❖人間力のないトップは経営者失格

第1章で語ったように、経営の原理原則とは、勝ち残る企業の原理原則である。そして、**経営者の責務とは、勝ち残る企業をつくるために、原理原則を知り、実行することである。**

その前提に立った上で、経営者はどのような資質を身につければいいのか。本章ではその点をご説明したい。結論から申し上げると、**経営者に必要なのは〝リーダーの資質〟**だ。

そもそもリーダーとは、他人を率いて成果をあげる人のことである。企業のリーダーは経営者だ。すべての部下を通して成果をあげる役割を担う。具体的には、**会社の方向性を決め、人を育てなければならない**。そして結果を出さなければならない。

しかし、闇雲に方向性を示しても、あるいは人財を育てようとしても、部下が素直に従ってくれるとは限らない。あるいは、表面的には従っているように見えても、実際にはイヤイヤ行動しているということがある。

前向きに率先して行動するか、心の中で反発しながら仕方なく行動するか。どちらがより成果を生むかは火を見るより明らかだ。

人は論理により説得され、感情で動く動物である。いくら論理的に説得できるスキルがあったとしても、**人間的な魅力、つまり「人間力」がなければ人はついてこない**。

人間力がないトップは、経営者失格である。

❖人間力を構成するのは「信頼」「尊敬」「意欲」

では、人間力とはどのような要素によって構成されているのか。具体的には3つある。

①信頼
②尊敬
③意欲

基本的な仕事のスキル、および論理的に説得できるコミュニケーション能力に加えて、人間力から生じる「**信頼**」「**尊敬**」「**意欲**」があってはじめて、リーダーとして人を動かすことが可能になる。**この3つがそろってこそ、本物のリーダーと言える**のだ。

信頼とは、「うそをつかない」「約束を守る」「言っていることとやっていることを一致させる」などの行動によって得られる。尊敬とは、信頼がさらに高まった状態だ。より真摯《しんし》に、より実直に行動することで、信頼は尊敬へと変わる。意欲とは、つまりモーティベーションのことである。自らが率先して仕事をすることで、社員や組織のやる気を高めることができるのだ。

もっとも、信頼、尊敬、意欲を、一朝一夕で身につけるのは難しい。長年の蓄積があってこそ、人間力は醸成されるのだ。だからこそ、**経営者は学びを習慣化しなければならない**。

ただ、短期間でもできることはある。たとえば、次のような行動だ。

- 朝晩のあいさつをしっかりとする
- 時間を守る
- 社員が良いことを言ったりやったりしたら必ず一言褒める
- 日頃から感謝する
- 適切に評価して報いる
- 名前を覚えて呼ぶ

こういったことを自分から率先してやる。すると、少しずつではあるが、信頼され、尊敬され、意欲があるとみなされる。

また、人は、自分の現在や未来について関心を寄せてくれる人に対し、好感をもつ生き物だ。将来の夢や、仕事とは関係のないプライベートの話など、1対1で対話する機会を設ければ、自ずと好感を持たれやすい。

大切なのは、さまざまな方法で人間力を高めようと努力することだろう。

❖人望とは、信頼と尊敬から生まれる

経営者として最も好ましくないのは、学歴や社歴、ステイタス、地位、身分を背景にいばってしまうことである。「使ってやっている」という感情がにじみ出ているような、横柄な態度で社員と接すると、やはり周囲から嫌われてしまう。人は去っていく。

「たとえ嫌われていても、仕事が回ればそれでいい」。そのように思っている方もいるだろう。たしかに、経営者に〝人気〟が必要だとは思わない。ただ、**〝人望〟は絶対に必要**なのだ。人望とは「信頼」と「尊敬」である。この2つがないと、社員の心は離れてしまう。

- 人望＝信頼＋尊敬
- 人間力＝人望（信頼＋尊敬）＋意欲

人望がないと、社内から裏切りや反発を招きかねない。恐怖で人を導くことはできない。

敵が多い経営者は成功しにくい。織田信長も明智光秀に謀反を起こされなければ、天下統一できていたかもしれない。

経営者として、できることなら、自然体で人と接しても不快に思われない人徳を身につけるのがベストだ。もし、それが難しければ学べばいい。自ら信頼や尊敬を獲得できるように努力すればいいのだ。

では、信頼や尊敬を得る人はどういう人か。

仕事のスキルが高く、人間的にも立派で、きちんと成果をあげている人だ。また、成果のあげ方についても、正しいプロセスに則っている。つまり、法令遵守はもちろん、社会常識、道徳、道義の面から正しいことを選択して成果をあげているということだ。

仕事に対して真摯に向き合い、キッチリ結果を出している人。こういう人が信頼や尊敬を得るのだ。

POINT

経営者に必要なのは「人間力」。人間力とは「信頼」「尊敬」「意欲」の3つで構成される。

2 経営者にカリスマ性は必要ない

❖優れた経営者に備わる8つのモノの考え方

優れた経営者に共通するモノの考え方はあるのか。次の８つの特徴が挙げられる。

① 多長根
② 結果と過程のバランス

③ **自責の概念**
④ **胆識**
⑤ **５Ｋ**
⑥ **４つのＳ**
⑦ **ポジティブ・ディスコンテント（積極的不満）**
⑧ **倫理性**

以下、1つずつ説明していこう。

① **多長根《たちょうこん》**

「多長根」とは、私が安岡正篤の言葉から学んだ、考え方の基本である。

「一面だけにとらわれず、できるだけ〝多〟面的に考えること」

「目先だけにとらわれず、できるだけ〝長〟い目で考えること」

「枝葉末節にとらわれず、できるだけ〝根〟本から考えること」

経営者が直面する問題は多岐にわたる。そのとき、過去の成功や目先の利益、あるいは細部にとらわれていては、最適な意思決定はできない。多面的、長期的、根本的に考えることで、より柔軟な対応が可能となる。経営者は近視眼的にならないようにしたい。

②結果と過程のバランス

経営において結果は重大だ。最重要と言ってもいい。しかし、結果にばかりとらわれてプロセスを無視する経営は、本物ではない。アメリカ式短期目標追求主義のいい部分は積極的に取り入れるべきだが、短期短期に明け暮れているばかりでは、経営は長続きしない。結果と過程のバランスを考慮したい。結果は6～7割、過程も3～4割は見るべきだ。もし結果だけを重視して経営したらどうなるだろう。利益の水増し、規制の無視など、不正が横行しかねない。結果偏重は厳に慎むべきなのだ。

③自責の概念

経営者の役割に「責任をとること」がある。経営者は、問題が発生した場合、率先して責任をとらなければならない。そこには結果責任（アカウンタビリティ）も含まれる。

ただし、人間は、責任を他人になすりつけてしまいがちだ。だからこそ、「問題は自分のもの」という考え方のできる人こそ、優れた経営者と言えるのだ。常に自責の概念を持っていれば、社員も信じてついてきてくれる。会社の中に自責の風を吹かせよう。

④ **胆識**

人の能力を向上させるために必要なのが「**知識**」「**見識**」「**胆識**」の三識だ。知識とは必要な情報やデータ、見識とは知識に自身の考えをプラスしたもの、胆識とは見識に決断力と実行力を加えたものだ。

この中でも、とくに優れた経営者が持っているのが胆識である。知識と見識だけ持っていても、会社を正しい方向へと導くことはできない。結果責任を背負う経営者は、知識と見識を使って決断し、実行することによって結果を出さなければならないのだ。

⑤ **５Ｋ**

５Ｋとは、「**肯定的**」「**謙虚**」「**向上心**」「**価値観**」「**感性**」の頭文字をとったものだ。優れた経営者はこれら５つのＫを身につけている。

どんな場面でも否定的にならず、「どうすれば解決できるだろうか？」と肯定的に考える。人の話を素直に聞こうとする謙虚な姿勢がある。どんなことからでも学ぼうとする向上心がある。周囲の評価に左右されない価値観を持っている。機械的に経営をするのではなく、心や感情にも配慮できる感性を大事にしている。

⑥ ５つのS

５Kが心的姿勢であったのに対し、５つのSは精神に関わる特徴だ。それぞれ**「strength（強さ）」「sensitivity（感受性）」「smile（笑顔）」「serious（真剣）」「self-sacrifice（自己犠牲）」**である。

経営者には、精神的な強さがなければならない。挫折、失敗、修羅場を経験することもあるだろう。優れた経営者はそのたびに強くなる。すると、フォローしてくれる人、応援してくれる人、黙ってついてきてくれる人が増えていく。

感受性も重要だ。優れた経営者ほど、まるで心理学者のように、人の気持ちを敏感に感じ取っている。その上で、的確な対応をする。だから人が動く。しかも、自ら動いてくれるのだから、本人の負担にはならない。

精神的に余裕があるかどうかは顔に表れる。経営者が常に眉間にしわを寄せていれば、社員の表情もまた厳しくなる。反対に、リラックスして仕事を楽しめば、自然と笑みがこぼれる。社長が笑顔だと職場にも活気が生まれる。

それでいて真剣さを保っている。経営は遊びではない。いくら笑顔でも、精神的には常に真剣さを保っている必要がある。そうでなければ、厳しい競争を勝ち抜いていくことは難しい。優れた経営者はリラックスしているときでも真剣だ。

そして自己犠牲。万一のことがあったら、社員のために自らが犠牲になる。そのような精神を持ち合わせている経営者にこそ、社員は人生を賭けるものだ。トカゲの尻尾切りをくり返す経営者に、誰がついていくと言うのだろうか。

⑦ ポジティブ・ディスコンテント（積極的不満）

「不満」という言葉には否定的な響きがある。たしかに「人生に不満がある」「仕事に不満がある」と聞けば、酒の席でよく聞くグチを思い浮かべる方も多いだろう。

しかし、**ポジティブ・ディスコンテント**（positive discontent　積極的不満）は、そのようなマイナスなものではない。現在の自分に満足せず、地位に安住せず、型にはまらない。どうやって改善し、向上しようかとポジティブに考える。だからいくつになっても成長する。そのような前向きな不満だ。経営者が、〝これでいいんだ〟と満足したときから、会社は滅亡の道を歩きはじめる。

⑧ 倫理性

私が日本人として初めてジョンソン・エンド・ジョンソンの社長に就任し、しばらく経ったある日。アメリカ総本社の会長が日本にやってきた。そのとき、彼の口から聞いたのが次の言葉だ。

「経営者にとって重要だと思う資質は2つある。1つは平均を上回る知性、もう1つは極度に高い倫理性である」

倫理性がないとどうなるか。私利私欲に走ることになる。人間は弱い生き物だ。こと経営に関して言えば、ちょっとした気の緩みが大きな不祥事へとつながる。過去、名だたる大企業が倫理性の欠落によって没落してきた。

法令を遵守するのは人として当たり前である。ただ、優れた経営者でありたいのなら、高度な倫理性を持ち続けることを当たり前としたい。

❖「情熱」「ポジティブ」「あきらめない」

その他、経営者に必要な資質を加えるとしたら、「**情熱**」「**ポジティブシンキング**」「**あきらめない心**」の3つだろう。

「情熱がなければ偉大なことは何ひとつできない」と言ったのはアメリカの思想家ラルフ・ワルド・エマーソンだ。**経営者には情熱がなければならない**。

情熱には5つの型がある。

- 自分で火を燃やして果敢に挑戦する「自燃型」
- 自らは燃えないが、誰かがそばでマッチをすってくれれば燃える「可燃型」
- 人がマッチをすってくれても燃えない「不燃型」
- 他人の火を消してまわる「消化型」
- 燃えていない人を燃やすことができる「点火型」

経営者に求められるのは「自燃型」と「点火型」だ。自分で情熱の火を燃やし、さらには他人の情熱を燃やせる人。

また、情熱の火を持続させるには、「**人生の目的を持つこと**」「**短期と長期の目標を持つこと**」「**点火型の人とつきあうこと**」などの方法がある。大海原へと漕ぎ出すにあたって、目的と目標というコンパスを持ち、最良の仲間とともに困難へと立ち向かうのだ。

ただ、情熱の火は消えてしまうことがある。経営は、失敗や挫折、苦労の連続である。もし、簡単に情熱の火が消えてしまったら大変だ。会社はつぶれ、社員は路頭に迷ってしまう。

だからこそ、「**ポジティブシンキング**」と「**あきらめない心**」が必要なのだ。どんな困難に見舞われても、できない理由など考えず、まずは打開策を探す。前例がないからやらないのではなく、とりあえずやってみる。熱い心で反応し、あとから冷静な頭で計算する。

それが経営者に求められる資質だ。

「経営者にカリスマ性は必要か？」という質問を受けたことがある。結論から言うと、経営者にカリスマ性は必要ない。

ただし、カリスマ性がないからといって、経営者になることをあきらめてしまうのは、本末転倒である。先に紹介した８つの特徴すべてを最初から身につけている人などいない。真摯に仕事に取り組むことで、あとから獲得するものも多い。

カリスマ性も同様である。カリスマ性があるから経営者になるのではない。優れた経営者になることを目指し、努力を続け、結果を求め、常に成長を続ける。その結果、周囲が「あの人にはカリスマ性がある」と認めてくれるのだ。**カリスマ性とは原因ではなく、結果である**。

また、経営者の役割は、会社を繁栄させることだけにとどまらない。詳しくは後述するが、**会社を次世代へと継続させることもまた、経営者の責務**なのだ。そして、経営者の任期は6年が目安になる。いくらカリスマ性があるからと言っても、ずるずるとトップに居座り続ける経営者は、やがて会社を破滅させるだろう。厳しいようだが、優れた後継者を育てられないカリスマ経営者に価値はない。

POINT

優れた経営者には8つの内面的な特徴がある。カリスマ性は努力の結果として身につくものである。

3 経営者は「学び」を習慣化するべきである

❖偉大な経営者は日々の積み重ねから生まれる

前項で、優れた経営者に共通する8つの特徴を紹介した。たくさんありすぎて尻込みしてしまった方もいるかもしれない。

ただ、心配はいらない。日々の中で少しずつ身につけていけばいいのだ。

そのためには、「**学びの習慣化**」をオススメする。意識して学ぼうとせず、日常の中で自然に8つの資質が身につけられれば、精神的にも肉体的にも負担は少なくてすむ。

また、いくら意気込んでも、三日坊主で終わってしまっては意味がない。かと言って、日常業務に追われていては成長できない。だから習慣化が必要なのだ。

朝起きて顔を洗うように、歯を磨くように、食事をするように、学びを習慣化しよう。習慣化できれば、日々、成長を実感できるようになる。周囲から見れば多大な努力も、呼吸するかのように気軽に継続できるようになる。

偉大な経営者は、日々の積み重ねから生まれるのだ。

学びを習慣化する際には、次の４つを意識してもらいたい。

①　人づきあい
②　読書
③　時間の使い方
④　お金の使い方

❖継続したい４つの学びの習慣①　人づきあい

「人とは、その人が今までの人生で出会ったすべての人の総和である」

私が好きな言葉だ。また、『ドン・キホーテ』の一節にも似たような言葉がある。

「おまえが誰とつきあっているか言ってごらん。お前が誰だかあててやる」

いずれも、「**誰とつきあうかによって自分が決まる**」という意味だ。

人は、普段からつきあっている人に強い影響を受ける。日頃つきあっている人を５人挙げ、その平均像や共通点を思い浮かべてみてほしい。それがいまのあなたの姿だ。

つまり、今、自分が誰とつきあうかによって成長できるかどうかも決まる。理想は、自分よりも知的レベルが高く、情熱がある人とつきあうことだ。自分よりワンステップ上の人とつきあうことで、日常が成長の場となる。「ダイヤモンドはダイヤモンドにより磨かれ、人は人により磨かれる」という。

とくに、「学び」という意味において重要なのは、メンターとの出会いだ。私は常々、「**経**

営者は3人のメンターを持て」と主張している。

そもそもメンターとは、「**よき師**」という意味だ。ギリシア神話に登場するオデュッセウスが子どもの教育を託したメントールという指導者がいる。そのメントールが語源だ。

メンターがいれば、経営上の難題に直面したときに励みになる。具体的なアドバイスをもらえることもあるだろう。失敗した場合のリカバリーや、もちろん成長のきっかけにもなる。

私のメンターには、かつて全世界のジョンソン・エンド・ジョンソンのナンバー3だったフランク・ディアンジェリ氏や、岩手放送最高顧問を務めた福田常雄氏がいた。彼らにお会いするたびに、ときに励まされ、元気をもらい、気持ちがスッキリしたものだ。

若い経営者の場合、メンターに出会ったことがない、という人もいるだろう。これから探すことになると思うが、その際、次の5つを判断基準としてもらいたい。

① **心から尊敬できる**
② **人生や仕事に関するアドバイスをくれる**

③ **必要な情報をくれる**
④ **人的ネットワークを広げてくれる**
⑤ **生涯つきあえる**

年齢や性別は関係ない。**自分が素直に学べるという相手をメンターにする**ことだ。

では、実際に、どうやってメンターを見つければいいか。また、適任者が見つかった場合、どうやって依頼すればいいか。メンターとのつきあい方も含めて、私の経験からアドバイスしよう。

メンターは、必ずしも仕事のつながりから見つかるとは限らない。そのため、日頃から積極的に開拓する必要がある。できるだけ上質な交流会やセミナーに参加し、出会うための努力をすることだ。

その先でもし、メンターになってもらいたい人が見つかったら、遠慮などせず素直に働きかけることである。

「ぜひ、私のメンターになっていただけませんか？」

そう言われて、気分を害する人はいないだろう。直接でも、電話でもメールでも、なんでもいい。とにかく自分から声をかけることだ。そうすると、十中八九、会ってくれるものである。

私も、若い経営者から「ぜひお会いしたい」と連絡をもらうことがある。経営のこと、将来のこと、人生のことなど、アドバイスをもらいたいというのだ。

そうしたとき、私は必ず、全員とお会いする。そして、何らかのアドバイスを差し上げている。自分もメンターにお世話になった。だから同じようにしたいという、ただ率直な気持ちからそうしている。

メンター以外では、**異業種の人と接する機会も意識的に設けたい**。刺激になるからだ。会社の同僚や特定の友人・知人とだけ接していると、視野が広がらない。視野狭窄《しやきょうさく》、視野矮《しやわい》小《しょう》に陥る。異業種交流会などに参加して、自ら新しい世界を見るようにしてほしい。

異業種だけでなく、**外国人との交流も同様だ**。ぬるま湯のつきあいではなく、刺激を伴う交流によって、あなたの知見も広がるだろう。

私が実践している、人と出会う方法は次の3つだ。

① 出会いの場に近づく

出会いの場は、案外たくさんある。仕事つながりの会合、社外の勉強会、業界内の懇親会など、すべて出会いのチャンスである。あるいは趣味を通じても出会えるだろう。たとえばスポーツ。さまざまな職業や年齢の人が参加している。自分から積極的に近づこう。

② 学びの場に参加する

目的によっては、学びの場に参加することが出会いの近道になる。セミナーや講演会には、向学心のある方がたくさん集まっているものだ。私の場合は講師の方だけでなく、受講生に声をかけることも多い。学びを共有できるメリットもある。

③ 紹介してもらう

人脈は人脈を呼ぶ。たとえ日常に忙殺されていたとしても、「こんな人がいたら紹介してください」とお願いするぐらいならできるはずだ。なにも自分の足だけで探す必要はない。良質な出会いの先には、さらなる良質な出会いが待っているものである。

❖継続したい4つの学びの習慣② 読書

100%宝くじが当たらないためには何をしたらよいのか。宝くじを買わないことである。同様に、100%本を読まない状況とはなにか。本を買わないことである。それが、私が唱えている「読書宝くじ論」だ。

そのような発想のもと、私は土日を除いて、毎日、必ず1冊の本を買っている。最近では2冊、買うこともある。まさに本を買うことが習慣となっているのだ。「買っても読めるかどうか」は問題ではない。**「買わなければ絶対に読めない」**という考えが根底にあるのだ。

だから私は、読書家ではなく〝買書家〟を自負している。30代半ば頃から買書を続けているので、自宅の地下室には本があふれている。それらすべてが投資の賜物だ。

そもそも、**買書ほどリターンの良い投資はないのではないか**。著者が体験した失敗や、学んだ知見、得られた教訓などを手のひらで体感することができる。ハードカバーでもわずか1500円ほどの出費だ。飲みに行けば一瞬で消えてしまう金額である。

読書のメリットはさまざまなシーンで議論されている。その真偽は読んだ人にしか判断できないだろう。ただ、確実なのは、本を読まなければ100％読書のメリットを享受できない、ということだ。

私が読んでいる本は、日本語のものと英語のものが半々。内容的には、経営に関する書籍が60％、その他が40％といったところだろうか。手元に本がないときは、新聞や雑誌などを読んでいる。時間や場所を問わず、なにかしら読んでいることが多い。

活字離れが指摘されて久しい。私も若い人を中心に「1日4回メシを食え」と言っている。3回はコメの食事で1回は活字のメシだ。どんなに忙しくても最低でも30分は活字に触れてほしい。きっと世界が広がるだろう。

ちなみに、私の経験では、**成功している経営者の9割は読書家である。**

❖継続したい4つの学びの習慣③　時間の使い方

経営者やビジネスマンにかかわらず、すべての人にとって時間は貴重である。平等であるがために、使い方によって大きな差が生じるのだ。

とは言え、使える時間は限られている。とくに経営者は、自分の時間を確保するのが大変だ。その使える時間の中で、企業経営も、勉強も、人脈づくりも、健康管理もしなければならない。週末は家族サービスだ。

成功している経営者ほど、時間とのつきあい方がうまい。ある意味では時間に対してケチなのだ。時間が無尽蔵にあるという発想ではなく、あくまでも、「**時間が限られている**」と**いう前提に立ってスケジュール管理をしている**。

その点、時間管理も健康管理も、あるいは学習の習慣も、すべては自分を律してこそできる。

好きなことをして、好きなものを食べて、遊んでばかりいるのも、その人の自由だ。一方で、使える時間にフォーカスし、人と会い、学習し、運動を継続するのも自由である。

私自身、62歳までは筋肉ムキムキ志向だった。健康のためでもあるし、大学時代からボディビルディングをやっていたこともある。現在ではボディビルを卒業して、1日40分、歩くようにしている。

時間には限りがあると認識し、使える時間の中で自分は何をすべきかと考える。すると目的が定まる。目的を達成するための目標を決めた上で計画を立て、愚直に行動する。その結果、情熱が生まれるのだ。

優れた経営者は時間の使い方が上手である。

❖継続したい４つの学びの習慣④　お金の使い方

最後はお金の使い方だ。時間と同様、お金の使い方も個人の自由だが、優れた経営者になりたいのであれば、「**自分に投資する**」という感覚を持っていただきたい。

たとえばセミナーに参加して人と出会う。あるいは、本を買って学びを得る。どちらもお金がかかるが、経営者として成長するためには必要なことだ。

もちろん、ムダなことにお金を使えとは言わない。自身で判断して、成長のために必要だと思われることにはどんどんお金を使ってほしい。自分への積極的な投資だ。

優れた経営者になるために、時間はケチる。お金はケチらない。時間はあとから取り戻すことができないが、お金はいくらでも取り戻せる。投資はリターンを見越して行うことなのでなおさらだ。

アドバイスとしては、**少なくとも手取り収入の5%は自分に投資したい**。30万円だとしたら1万5000円、100万円だったら5万円だ。このぐらいなら、無理なく捻出できるのではないか。

私が結婚したのは27歳のときである。結婚してからも、将来のためと思い、自分に投資した。だからこそ、そこそこ成長できたし、今の自分があると言える。自己投資は確実にリターンを生むのだ。

自分の市場価値を高めるための自己投資をして欲しい。

POINT

経営者は学びを習慣化するべき。意識したいのは、「人づきあい」「読書」「時間の使い方」「お金の使い方」。

4 経営者の成功には「運」「縁」「健康」が必要

❖スキルとマインド以外に手に入れるべき3つのもの

経営者にはスキルとマインドが必要だと述べた。ただ、欲を言えば、スキルとマインド以外にも手に入れてほしいと思っているものがある。それは次の3つだ。

①　運

②　縁
③　健康

どんなにスキルがあっても、どんなにマインドが高くても、運・縁・健康の3つがなければ成功できない。

過去、実力がある人はたくさんいた。見事な実績をあげている人も少なくなかった。しかし、運・縁・健康がない経営者は大成していない。大成できないのだ。

こんな逸話がある。松下幸之助氏が存命のころ、子会社の経営職に穴があいた。そこで人事部長が4人の履歴書を持ってきた。「この中から後継者を選んでいただきたい」と。松下氏はあるひとりの男に決めた。人事部長が理由を聞くと、「こいつが一番、運がええ」と言ったそうだ。

つまり、松下幸之助氏も、運の大切さを身にしみて知っていたのである。

❖健康と縁の獲得は日ごろの心がけ次第

３つのなかでも、とくに健康はイメージしやすいだろう。体が健康でないと、存分に手腕を発揮することができない。健康的な肉体と精神があるからこそ、思い切り働くことができるのだ。経営者に限ったことではないが、**とくに経営者は健康に注意したい**。

そうは言っても、１日30分は歩こうとか、お酒はほどほどにしようとか、野菜もしっかり食べようなど、その程度のことである。日々のちょっとした行動で健康が手に入るのなら、まずはやってみることだ。そのリターンは大きい。

縁についても異論はないと思う。良質な縁は人脈をつくる。人脈が人を育てることは疑いがない。社員との出会いも人脈、メンターとの出会いも人脈である。もちろん、パートナーとの出会いも縁のたまものだ。

縁を維持するには、やはり、縁を大事にすること。これに尽きる。こちらから積極的に働きかけ、年賀状を出したり、お歳暮を贈ったり、ときにはご飯に誘って話をする。相手と接触する機会をつくり、縁が途切れないように工夫をする。

縁も健康も、特別なことは必要ない。**日頃の心がけ次第**なのだ。

❖運を高める4つの習慣

一方、運はどうか。縁や健康とは異なり、管理できないように思われるかもしれない。しかし、私は**運はマネージできる**と思っている。

たしかに宿命は、生まれた瞬間に決まるものだから変えられない。ただ、運は「運ぶ」と書くとおり、自らの意思で運ぶことができるのだ。

では、どうすれば運を手に入れることができるか。方法は4つある。

①「自分は運がいい」と思い続ける

1つ目は、「自分は運がいい」と思い続けることである。これが最も大事なことだ。

「自分は運が悪い」と思っていると、事実、運がなくなる。元気がなくなり、言うことも懐疑的、自虐的、否定的になる。最終的には、物事に対して悲観的な人になってしまう。

そういう人の周りには、人が寄ってこない。たとえ運命の女神が微笑んでも、「あんたみたいに辛気臭い人は嫌いよ」と、どこかへ行ってしまう。

反対に、「自分は運がいい」と思っている人はどうか。自分は本当に運がいいのだと錯覚する。人間は錯覚の動物であり、自己暗示の動物である。運がいいと思えば、顔色まで明るくなり、言うことは前向きで、人に元気を与える。人が寄ってくる。

人が寄ってこない人は、優れた経営者にはなれない。経営者には人望が必要なのだ。だからこそ、**自分は運がいいと思い続けることが大事だ**。アメリカではこれを「I was born under a lucky star.（われ、幸運の星のもとに生まれたり）」と言う。

②　運がいい人とつきあう

2つ目は、運がいい人とつきあうことだ。

運がいい人とつきあっていると、運を分けてもらえる。反対に、運が悪い人とつきあっていると、自分が持っている運を奪われてしまう。だからこそ、なるべく運がいい人とつきあうようにしたい。

つきあう人を選ぶことは重要だ。どうせつきあうのであれば、自分を高めてくれる人がいい。その上で、さらに運まで分けてくれるのであれば、言うことはない。

上昇気流に乗っている人と一緒にいれば、自分もまた高みへと向かうことができる。

③ 3人のメンターを持つ

3つ目はメンターの存在だ。とくに3人のメンターを持つといい。

メンターは知恵や勇気をくれる。状況に応じた的確なアドバイスをもらえることもあるだろう。ただ、それだけではない。**自分に運がなくなってしまったときに、運を与えてくれるのだ。**

経営をしていると、失敗や挫折を経験することもあるだろう。そういったときは、思考もマイナスに傾きがちだ。自分には運がないと思ってしまうかもしれない。

そこでメンターに相談する。懐に入って、じっくりと話を聞いてもらう。そしてまた、挑戦できるようになるのだ。

メンターが3人いれば、転んでも、何度でも立ち上がることができる。

④ 学び続ける

4つ目は最も簡単なことである。そう、学び続けるのだ。

世の中は目まぐるしく変わっている。数年ごとに驚くような変化がある。現在、それなりに力があると思っていても、あっという間に使いものにならなくなる。

では、どうすれば変化に対応できるか。学び続けるしかない。時間とお金を使って、自分に投資をする。何があってもめげずに、継続して努力をする。

その結果、失ってしまった運を取り戻せるのだ。**たとえ運が悪くなってしまっても、愚直に頑張り続けるかぎり、運は必ず返ってくる。**

POINT

経営者が手に入れるべきなのは「運」「縁」「健康」の3つ。いずれも、努力次第で手に入れることができる。

本章のまとめ

・経営者は、社員を前向きに動かして成果をあげさせる
・経営者の人間力は、「信頼」「尊敬」「意欲」で構成される
・経営者は、学びと行動を習慣化し人間力を醸成する
・経営者は、「人気」ではなく「人望」を得なくてはならない
・経営者は、熱い心と冷静な頭で苦難を乗り越える
・経営者は、努力の結果として「カリスマ性」を得られる
・経営者は、学びを習慣化する
・経営者は、「運」「縁」「健康」をマネージする

第3章

経営者は
企業の方向性を示せ

明確な目標を定めたあとは執念だ。
ひらめきも執念から生まれる。

安藤百福（日清食品創業者）

1 経営者がやるべき、4つのこと

❖経営者が示すべき方向性とは

経営者の責務は自社を勝ち残る企業にすること。そのためにやるべきなのは、大きく分類して３つあると述べた。

①方向性を決める（理念、目標、戦略）

② 人を育てる（後継者育成）
③ 結果を出す（業績向上）

このうち、「方向性を決める」といった場合の方向性とは、具体的には次のとおりだ。

① いまどこだ？（現状認識の共有）
② どうなりたい？（理念と目標の設定）
③ 何をどうやる？（戦略と戦術の設定）
④ どうなった？（ＰＤＣのＣによる評価・学習・反省・改善）

経営者はこれら4つを社員に示さなければならない。

ご存知のとおり、企業経営は楽しいことばかりではない。苦しいときも辛いときもある。

むしろそのほうが多いかもしれない。だからこそ、経営者が「**我々は正しい方向に進んでいる**」ということを示さなければならないのだ。時系列ごとに説明しよう。

① いまどこだ？

わが社がいま、どういう状況にあるのか。現状認識を共有することだ。当初の目標と過去の成果を照らしあわせて、競合と比較しつつ、自社がどの位置につけているのかを知れば、これからどうなりたいかが見えてくる。

② どうなりたい？

現状を知り、これからどうなりたいかを示すには、「**理念**」と「**目標**」を設定するといい。理念とは、自分たちがこれから目指すべき理想の姿だ。迷ったとき、悩んだときに理念に立ち返ることで、進むべき道が明らかになる。

理念に期間や数値を加え、より具体的にイメージできるようにしたものが目標である。売上目標や利益目標、中期、長期と内容も期間もさまざまである。「理念」という抽象的な概念に対し、自分たちがどれだけ近づいているのかをチェックするための通過点ともなる。

③ 何をどうやる？

理念と目標によって進むべき道が明らかになった。では、それらを達成するために、何をどのようにやるのか。そこで戦略と戦術が必要になる。戦略とは、俯瞰的に考えて「**何をやるか（what）**」であり、戦術とは、個別具体的に「**どうやるか（how）**」である。

とくに、経営者が決めるべきなのが戦略だ。大きな方向性を示したうえで、具体的にどのように実行するかを決め、実際に行動に移すのは現場の人間である。少なくとも、社員に「なぜやるか」「なんのためにやるか」を見失わせてはいけない。

④ どうなった？

企業はPDCサイクルをまわしながら成長していく。PDCサイクルとは、「**Plan（計画）→Do（実行）→Check（確認）**」という一連の流れだ。「どうなった？」は、このうちのCheck（確認）にあたる。Check（確認）をさらに細分化し、「評価」「学習」「反省」「改善」にまで落としこむ。

会社も人も、同じ失敗を何度もくり返していては成長しない。行動を評価し、失敗から学び、反省し、改善することによってはじめて成長できるのだ。

これら4つの方向性を示し、人（後継者）を育てること。それが経営者の仕事である。

❖経営者がまずやるべき4つのこと

そうは言っても、何から手をつけていいのかわからない、という方もいるだろう。その場合には、まず、次の4つを実践してほしい。

①企業理念の作成
②目標の設定
③戦略の立案
④後継者の育成

本章では、このうち「①企業理念の作成」と「②目標の設定」についてご紹介する。「③戦略の立案」および「④後継者の育成」については次の第4章にて後述する。

ちなみに、この4つはそれぞれが一連の流れとなっている。**企業理念があるからこそ目標が設定でき、目標が定まっているからこそ戦略が立案できる。そして戦略に則って後継者を育成すれば、ブレなく人財を育てられるということだ。**

もちろん、理念も、目標も、戦略も、一度決めたらそれで終わりではない。常に改善が求められる。具体的には、理念は5年ごと、目標や戦略は1年ごと、戦術は1カ月ごとに見直してほしい。変化に対応するためだ。

くり返しになるが、経営の要諦とは、「**変化に対応すること**」なのである。

POINT

経営者がまずやるべき4つのこととは、「①企業理念の作成」「②目標の設定」「③戦略の立案」「④後継者の育成」。

2 経営理念がなければ企業は勝ち残れない

❖なぜ企業理念が必要なのか

企業が向かう方向性を示すために、最初に定めるべきなのが「**企業理念**」だ。ただ、企業理念について間違った印象を持っている方も少なくないだろう。いわく「企業理念なんかより、会社が儲かる方法を教えてくれ」というものだ。

たしかに、その気持ちはわかる。売上なくして、利益なくして企業経営は成り立たない。

だが、いま一度、経営者の責務を思い出してもらいたい。

経営者は勝ち残る企業をつくらなければならないのだ。

短期的に儲かる方法を知り、利益をあげられたとしても、その先、勝ち残るのは難しい。はっきり言うと、ほぼ無理である。**お金を稼ぐことだけに注力した企業は、例外なく、勝ち残っていない**。

それには理由がある。第一に、社員が仕事に対して意義を感じなくなる。第二に、消費者が離れていく。第三に、社会から見放されるようになる。結果的に株主も離れていく。それでどうして成長していけようか。

また、そのような状態では、競合他社に勝てるはずがない。

❖企業理念をつくる5つのメリット

企業理念がないことによるデメリットをおわかりいただけただろうか。ただ、デメリットだけでは行動できない人もいるかもしれない。そこで、メリットをご紹介しよう。

そう、企業理念をつくることにより、たしかなメリットがあるのだ。具体的には次の5

つである。

① 社内の心をひとつにする（求心力）

現在はダイバーシティ（多様化）の時代である。社内にもまた、新しい風が吹いている。そうでなくとも、社員にはそれぞれ個性があり、人格があり、信念がある。それらをひとつにまとめるのは経営者の役目だ。そこで理念を活用する。すると、ブレることなく、社内の心をひとつにすることができる。

② 社員の誇りとなる

金儲けは悪いことではない。企業経営には必要なことだ。ただ、とくに日本人は、お金第一主義を嫌う傾向がある。どんなに簡単な仕事でも、金のためだけとなると、手を抜くようになる。反対に、どんなに辛い仕事でも、誇りを持てれば最大限に力を発揮する。

③ ステークホルダーから信頼される

企業におけるステークホルダー（利害関係者）はさまざまだ。顧客、取引先、仕入先、銀行、投資家など、直接的・間接的に利害を共有しているすべての当事者がステークホルダーとなる。もし立派な企業理念があれば、それが信頼につながり、ステークホルダーと良好な関係を築けるようになる。いいパートナーシップが組みやすくなるのだ。

④ **優れた人財が採用できる（求人力）**

経営者にとって、優れた人財の獲得は永遠の課題である。私はジョンソン・エンド・ジョンソンの社長をしていたとき、よく中途採用の面接に立ち会った。とくに課長や部長のポストが空いたときだ。その際、私が必ず聞いていた定番の質問がある。「あなたはなぜ当社に応募したのですか？」。すると、応募者の8割が、ジョンソン・エンド・ジョンソンの企業理念である『我が信条（Our Credo）』に言及した。「このような素晴らしい企業理念がある会社に、残りの職業人生を捧げたい」と。つまり、**良い企業理念は良い人財を惹きつける**のだ。

⑤ **業績が上がる**

興味深いデータがある。**企業理念のある・なしが、業績に影響を与える**というものだ。

たしかに、優れた企業理念をつくっても短期的な効果はないかもしれない。しかし、長期的には明らかにメリットがある。それが企業理念なのだ。

理念は、社員の心をひとつにし、仕事に対する誇りを醸成し、ステークホルダーからの信頼を勝ち取り、優れた人財を集め、業績を上げる。松下幸之助氏も次のような言葉を残している。

「企業成功の50％は理念である」。

❖ミッション、ビジョン、バリューは経営理念に不可欠

では、優れた企業はどのような理念を掲げているのか。ポイントとしては、**ミッション、ビジョン**、**バリュー**が盛り込まれていることが挙げられる。

ミッションとは「**使命**」だ。わが社が事業を通じて達成すべき使命である。単なるお金儲けではなく、人のため、社会のために実現すべき使命があるからこそ、社員が一丸となって取り組める。くじけそうなときにも、勇気づけられる。

ビジョンとは「**将来像**」だ。叶えたい未来がある。イメージする将来がある。それをリアルなものにするために会社がある。明確なビジョンがある会社はやるべきことからブレない。たとえ途中で迷うことがあったとしても、いつでも、進むべき道に戻ることができる。

バリューとは「**価値観**」だ。何をもって大事とするか、社内で意見が割れたとき、立ち返るべき価値は何なのか。価値観を共有することで、それぞれが正しく判断できる。個別に指示を出さなくても、やるべきことが見えてくる。

これらミッション、ビジョン、バリューが盛り込まれているのが、良い企業理念である。

❖企業理念のつくり方・使い方

では、現場にまで根づく、生きた企業理念をつくるにはどうすればいいか。私が考える「**生きた企業理念の十か条**」を紹介しよう。新しく理念をつくる際にも、すでにある理念を見直す際にも役立ててほしい。理念づくりの各段階ごとにまとめている。

【作成段階】

①社員の参加がある

理念の作成は、経営者が独断で決めるのではなく、社員の参加があるといい。議論がより深まるし、完成した理念に愛着が湧くからだ。当事者意識も生まれるだろう。「全社員が使用するもの」ということを忘れないようにしたい。

②読みやすい

長すぎる理念は読まれない。たまに小冊子ほどの企業理念をつくっている企業を見かけるが、果たして社員に読まれているのだろうか。疑問である。また、短すぎる理念はイメージしにくい。そのため、実際の行動に結びつきにくい。長すぎず、短すぎず、人を鼓舞するものにしたい。

③差別化がある

理念は目標、そして戦略へとつながる。どこにでもある企業理念を掲げていると、目標や戦略もまた他社と変わらないものになってしまう。インパクトも弱い。自社の強みや弱み、特徴を踏まえて、エッジがある企業理念をつくりたい。

④グローバルである
もはや、グローバル化を無視して経営をすることはできない。国内においても同様である。企業理念もまた、グローバルでなければならない。どこの国でも通用するような、普遍的な価値のあるものを企業理念としよう。

⑤経営者の強いコミットメント
理念の作成時には、社員の参加が望ましい。ただ、最終的に決定するのは経営者である。企業理念とは会社の魂なのだ。そこに対して、経営者が強くコミットメントしていないと、社員にも、ステークホルダーにも示しがつかない。

【使用段階】

⑥見える化されている
企業理念はただ掲げておくだけでは意味がない。常に見えるところに配置し、事あるごとに確認できなければならないのだ。会社の入り口に掲げておく、オフィスの目がつくところに置いておく、カードに印刷して携帯するなどの工夫をしたい。

⑦発信している

最近では、名刺の裏に企業理念を記載している会社もある。効果的だ。理念は自分たちだけのものではない。広く社会に浸透させることで、より効果を発揮するものだ。経営者だけでなく、社員みんなが社内外のステークホルダーに対して発信するようにしたい。

⑧仕事の道具として使われている

企業理念は仕事の道具として認識してもらいたい。意思決定に迷ったとき、意見が割れたときなどの場合には、常に理念に立ち返るのだ。そうすることで、個々人の考えに頼ることなく、いつでも正しい判断ができるようになる。

【改善段階】

⑨定期的な評価

目標も、戦略も、戦術も、計画も、つくって終わりではない。適切に評価し、改善してこそ意味がある。理念も同様だ。ジョンソン・エンド・ジョンソンには「クレードサーベイ」という評価制度がある。これは、いかに企業理念が浸透しているかをチェックし、改善プランを練るためのものだ。

⑩必要に応じた改定

世の中は変わる。経営者は変化に対応しなければならない。その上で、必要に応じて、理念もまた改定するべきだろう。少なくとも5年に一度は改定を検討したい。もちろん、全面的に変えてしまうのではなく、部分的に変更するのだ。

❖理念は実際に使われてこそ意味がある

最後に、重要なことがある。理念は掲げておくだけでは効果を発揮しない。よく、「うちにも立派な企業理念がありますよ」と言う人がいるが、たいていは額縁に入れて社長室に飾ってあるだけだ。つまり現場に浸透していない。

あるいは、毎日の朝礼で社員に唱和させている企業もある。それで社員の心に浸透すればいいが、ただ義務的に唱和しているだけであれば意味がない。

理念は、仕事をする上で、道具として機能させなければならないのだ。

そのために意識してもらいたいのは、企業理念を浸透させる3K、すなわち「**紙**」「**心**」「**行動**」である。きちんと成文化して紙に落とし込み、考え方の基盤となるように心に浸透させ、実際の行動に移してもらう。それではじめて、企業理念が意味を持つ。

企業理念がただ〝ある〟のと、〝使っている〟のとでは、大違いである。どんなに立派な企業理念を掲げていても、使っていなければ効果は発揮されない。

私が8年間、経営者を務めたジョンソン・エンド・ジョンソンでは、企業の将来を決める意思決定から、現場レベルの戦術策定まで、企業理念が使われていた。思考の基盤となっていたのだ。

こんな事例がある。1982年、ジョンソン・エンド・ジョンソンは危機に見舞われた。子会社であるマクニール社のヒット商品「タイレノール」に、何者かがシアン化合物を混入させ、7人の犠牲者が発生したのだ。

対応次第では、壊滅的な打撃を受ける事件である。そのとき、当時の経営者であるジェームズ・E・バーク氏はどうしたか。企業理念に従って、タイレノールを全品回収したのだ。

ジョンソン・エンド・ジョンソンの企業理念『我が信条（Our Credo）』の冒頭に書かれているのは、次の言葉である。

「我々の第一の責任は、我々の製品およびサービスを使用してくれる医師、看護師、患者、そして母親、父親をはじめとする、すべての顧客に対するものであると確信する」

ジョンソン・エンド・ジョンソンでは、4〜5年ごとに企業理念が検討されている。しかし、顧客第一主義であることは変わっていない。つまり、バーク氏は、企業理念を、会社が危機的な状況においても忠実に採用したのだ。

回収費用は1億ドルを超えた。史上最大規模だ。

にもかかわらず、わずか1年後、タイレノールの市場シェアは事件前の35%に対し、30%にまで回復した。何より、同社の社会的信用は事件前より飛躍的に向上した。言うまでもなく、企業理念に従った結果である。

この事件は、危機管理の模範例として、ハーバード大学のMBAコースでも取り上げられている。

POINT

理念に必要なのは「ミッション」「ビジョン」「バリュー」。理念はお飾りではなく、実際に使われてこそ意味を持つ。

3 経営理念をもとに目標を設定する

❖理念、目標、戦略、戦術は一連の流れ

企業理念が定まったら、次にやるべきなのは「**目標の設定**」だ。

理念、目標、戦略および戦術は、一連の流れになっている。理念のない目標はただのノルマであり、目標のない戦略は場当たり的な対応であり、戦略のない戦術は出たとこ勝負である。全体の流れを意識しつつ、設定してほしい。

そもそも目標とは何か。具体的には次の３つで構成される。

① **願望**
② **期間**
③ **行動計画**

「**どうなりたいか**」という願望に対して「**いつまでに**」という期間を与える。さらに、それらを実現するための**行動計画**を加えたもの。それが目標だ。単なる願望のみでは、何も変わらない。

目標は、理念を実際の業務へと近づけたもの。そう認識してもらっても構わない。理念だけでは、現場は何をすればいいのかがわからない。そこで目標を加える。目に見える目標があるからこそ、「**何をどうやるのか（戦略）**」「**チーム・個人としてどうやるのか（戦術）**」も定まるのだ。

❖目標設定は「SMART（スマート）」に

では、具体的にどうやって目標を設定すればいいのか。重要だと思われる要素の頭文字をとった「**SMART**」を、目標設定の基準として提唱したい。

①Stretch：背伸び

目標はノルマではない。たしかに、企業が成長するために、あるいは理念を実現するために、目標を達成することは大切だ。だが、必ずしも達成できる目標を設定する必要はない。むしろ、**達成が難しい目標を設定することにより、自らに負荷をかけ、より成長できる**ことも多いのだ。

筋肉トレーニングと一緒である。日々、同じだけのトレーニングをしていても、筋肉は、ある程度までしか成長しない。しかし、少しずつ体への負荷を増やしていくことで、筋肉はより成長する。人も会社も一緒である。背伸びした目標を設定して、「どうすれば達成できるか」を考えよう。

②Manageable：マネージできる

目標は管理できなければならない。たくさんの目標を掲げるのは結構なことだが、果たして、それらすべてをマネージしていい結果を出しているだろうか。もしマネージできていないのなら、目標の数を3つか4つに絞り込むことである。**経営者には、目標に優先順位をつけ、正しく取捨選択することが求められる。**

③Accepted：納得

目標の達成には、社員のコミットメントが欠かせない。つまり、**いかに自分ごととして取り組んでもらえるかが大事**なのだ。ただ他人から与えられた目標に全力で取り組める人は少ない。そうではなく、目標の設定段階から参加してもらい、コミットメントさせることを目指そう。

④ **Resource：経営資源**

ヒト・モノ・カネ・情報・時間。企業が抱えている経営資源はさまざまだ。それらを上手に活用し、目標達成に役立てるようにしたい。目標を達成することは、理念を実現し、会社を前へと進める。戦争をするときには、竹槍では勝てない。武器弾薬などの資源が必要である。

⑤ **Time：時間**

企業経営は時間との戦いである。いかに時間を短縮できるか、どれだけの時間を使うべきか、いつまでに達成すべきかなど、あらかじめ考えておきたい。

❖計画策定における5つのポイント

目標を構成する願望、期間、計画のうち、とくに計画策定には注意が必要だ。なぜなら、策定することが目的そのものとなってしまいがちだからである。

願望と期間をもとに策定した計画が、達成も更新もされないということは、ままある。また、短期的、あるいは長期的な計画ばかりを策定してしまうことも多い。それでは、理念を達成することもできず、戦略立案にも結びつきにくい。企業の目標設定としては不十分だ。

そこで、計画を策定する際には、次の5つのポイントを意識してほしい。

① 長期と短期のバランスがとれている

計画は長期と短期に分類できる。どちらに傾いてもいけない。長期計画がなければ短期計画がつくれないし、短期計画がなければ長期計画を実現できない。長期計画と短期計画はクルマの両輪なのだ。優れた企業ほど、短期プランと長期プランの整合性がとれている。

② 社員が関与している

理念と同様に、計画にも社員の関与は欠かせない。現場の声を反映させないと、計画が絵に描いた餅になってしまう恐れがあるからだ。社員が関与することによって、当事者意識も強くなる。コミットメントが生まれる。計画が、よりリアルなものとなる。

③きちんと伝達し、理解・納得がある

計画を策定したら、きちんと社内に伝達しよう。そのうえで、理解と納得を得られなければならない。いくら素晴らしい計画が策定できても、実行する社員に伝わっていなければ意味がない。また、頭で理解し、心で納得することで、はじめて人は動くのだ。

④実行に結びついている

計画は策定してそれで終わりではない。実行してはじめて意味がある。つまり、実行に結びついていない計画に価値はないのだ。できれば、計画が実行に結びついているか、定期的にチェックできる仕組みを用意したい。そうすれば、いつでも調整できる。

⑤評価とフィードバックがある

計画が実行されていれば、評価してあげよう。正しい評価とフィードバックによって、社員のやる気はさらに高まる。モーティベーションを高めるのも経営者の仕事だ。やって終わりでは味気ない。正しい評価とフィードバックができれば、計画は、さらなる好循環を生む。

❖エグジット・プラン（撤退計画）の重要性

最後に「**エグジット・プラン（exit plan 撤退計画）**」についても言及しておきたい。

エグジット・プランとは、撤退の計画、つまり「**どうなったら（またはならなかったら）撤退するのかをあらかじめ決めておく**」ということである。アメリカの企業では定められていることが多いが、日本の企業ではあまり実践できていない。

新規事業は一生懸命に取り組む。前向きだからだ。しかし、必ず成功するとは限らない。むしろ、失敗することのほうが多いだろう。にもかかわらず、新規事業ということで、ずるずると続けてしまう。

エグジット・プランがうまく機能していないと、出血しているのに気づくことができず、最悪の場合には出血多量で死んでしまう可能性もある。会社で言うところの倒産だ。

これは大げさなことだろうか。赤字部門を放置していたばかりに、黒字化できず、ただ企業に打撃を与えてしまったという事例は多い。だからこそ、計画の段階で撤退の目安も決めておくべきなのだ。「3年以内にこれだけの売上がなかったら撤退しよう」とか「2年以内に利益が出なかったらやめよう」など一定の条件を決め、紙に落とし込んでおく。

こうなると、あとはやるしかない。誰しも、みすみす撤退したくはないと思っているはずだ。デッドラインが決まっているので、迷うこともない。

もちろん、すべての赤字部門が悪であるとは言わない。いわゆる「健全な赤字部門」というものも存在する。つまり、将来的に黒字転換が可能だと思われる事業部のことだ。そういった事業部は残しておく価値がある。ただ、それも基準があってのことである。何も基準を用意せず、可能性だけを追求して赤字を垂れ流していてはいけない。

いくら優れた経営者でも、常に英断できるとは限らない。後継者に引き継いだとなってはなおさらだ。だから明文化しておく。

適切な撤退計画があることで、企業はまた、新しいことに挑戦できるのだ。

POINT

目標は「願望」「期間」「行動計画」によって成り立っている。目標は「SMART」を意識して設定するようにしたい。

本章のまとめ

- 経営者のやるべき仕事は、「企業理念の作成」「目標の設定」「戦略の立案」「後継者の育成」
- 経営理念に不可欠なのは、「ミッション」「ビジョン」「バリュー」
- 経営理念は、実際に使われなければ意味がない
- 経営目標は、「願望」「期間」「行動計画」で構成される
- 計画には、エグジット・プラン（撤退計画）を盛り込む

第4章

経営者が本当に行うべき業務

成功の秘訣は、自分で仕事をすることにあるのではなく、
仕事を任せるにふさわしい人材を見つけることである。

アンドリュー・カーネギー（「鉄鋼王」と呼ばれた実業家）

1 経営者は6年で辞めるべき

❖なぜ経営者は6年で辞めるべきなのか

前章では、経営者がやるべき4つのこと「①企業理念の作成」「②目標の設定」「③戦略の立案」「④後継者の育成」のうち、「①企業理念の作成」「②目標の設定」について述べた。

本章では、残りの2つ「**③戦略の立案**」と「**④後継者の育成**」について紹介したい。

ただ、その前に触れておきたいことがある。本項のタイトルにもある「経営者は6年で辞めなさい」についてだ。

経営者がやるべき4つのこと、「①企業理念の作成」「②目標の設定」「③戦略の立案」「④後継者の育成」は、企業が長期にわたって繁栄するためのものである。6年で会社をつぶしてしまうのなら、必ずしも必要ではないかもしれない。

ただ、誤解しないでほしい。私は6年で会社をつぶしていいと言っているわけではない。

6年で後継者へとバトンタッチすることを勧めているのである。

では、なぜ6年で経営者を辞めるべきなのか。単純に、アイデアが枯渇してしまうからである。

私はトータル、20年近く経営職に就いていた。それだけに身に沁みてよくわかるのだが、経営者というのは、非常にやりがいのある仕事なのだ。たしかに大変なことも多い。しかし、それ以上に、毎日がエキサイティングなのである。

多くの人を動かし、成果をあげ、社内にも社外にも影響を与えられる。中堅から大企業の経営者ともなれば、待遇もいい。立派な社長室、専用車、優秀な秘書、多大な報酬。平身低頭して寄ってくる人も少なくない。

そのような状況が6年も続くとどうなるだろう。就任当初のアイデアは枯渇し、ただ快適な経営職にとどまっているだけになりかねない。それが果たして、会社のため、社員のため、ひいては社会のためになるだろうか。

かくいう私も、ジョンソン・エンド・ジョンソンの経営職を二期８年務めた。私の持論からすれば２年オーバーである。事実、最後の２年は、当初ほど貢献できていないと感じたものだ。

❖経営者は引き際を考えるべき

ミクロ経済学の消費理論で用いられる重要な概念に「**限界効用逓減の法則**」というものがある。財の消費量が増えるにつれて、得られる効用が次第に少なくなるという考え方だ。たとえばビールの例がある。１杯目のビールはとても美味いが、２杯目３杯目と杯を重ねるごとに、その美味さには陰りが生じる。つまりビールという財の、美味さという効用が逓減しているのだ。

私は経営者も同様であると考えている。経営職に就任した当初は、優れたアイデアがあったかもしれない。だがやはり、「**ひとりの人間が考えられることには限界がある**」ということだ。「限界〝思考〟逓減の法則」である。

経営者と食べ物を一緒にするのはいかがなものかと思うが、食べ物に旬があるように、経営者にも旬があると思う。それが経験上、おおむね6年ではないかと思うのだ。

自分が辞めるべきときに社長職を辞められるというのは、引き際の美学にも通ずるところがある。社員から「早く辞めないかな」と思われる経営者は二流だ。多くの社員から「社長、まだ辞めないでくださいよ」と言われている間に辞める社長こそ本物である。

社長職をいつまでも辞さないことについて、「代わりがいない」と言い訳をする経営者もいる。しかし、それは違うだろう。正確には自分が「後継者となる人財を育てていない」のはずだ。育てなければ後継者がいないのは当然のことである。

惜しまれて辞める人は美しい。それに引き換え、ずるずると社長職にとどまろうとする人は醜い。まさに老醜《ろうしゅう》である。

❖６年間でやるべきことを頭に入れる

６年を長いと思うか短いと思うかは、あなた次第である。

ただ、少なくとも、６年の間で「①企業理念の作成」「②目標の設定」「③戦略の立案」「④後継者を含む人財の育成」の４つをやらなければならないと、肝に銘じてほしい。

「理念の作成」および「目標の設定」については前章で述べてきた。本章ではさらに「戦略」と「後継者育成」について紹介する。

６年間でやるべきことを自覚し、経営者として、あなたなりの理念、目標、計画を策定してほしい。何もしなくても、がむしゃらに経営に励んでも、あっという間の６年である。

しかし、その６年であなたの評価は決まる。経営者としてのあなたに点数がつけられると言ってもいい。ぜひ、いま一度、背筋を正していただきたい。

泣いても笑っても、６年後はかならずやってくる。

POINT

経営者としての〝旬〟はおおむね6年。その中で、「企業理念の作成」「目標の設定」「戦略の立案」「後継者の育成」をしなければならない。

2

戦略を作るのは経営者、戦術を作るのは現場のリーダー

❖戦略と戦術の違いを理解する

理念と目標が定まったら、次は戦略をつくろう。

ただ、その前に、**戦略と戦術の違い**について言及しておきたい。両者の違いを正しく認識できていないと、経営者のやるべきこともブレてしまうからだ。

そもそも**戦略とは「何をやるか（what）」**である。理念と目標を理解した上で、業務の全社的な方向性を示すもの。それが戦略だ。これは経営者が定めなければならない。

一方で、**戦術とは「どうやるか（how）」**である。理念と目標をもとにした戦略を踏まえて、具体的にどうやるかを現場レベルで考える。これは担当者が定めるべきものである。つまり、**戦略をつくるのは経営者の責務。戦術をつくるのは現場担当者（社員）の責務**となる。

❖なぜ戦略が必要なのか

では、なぜ戦略が必要なのか。理由は大きく3つある

① 理念・目標を正しく行動に移せない

一つ目は、「**戦略がないと理念や目標を正しく行動に移せない**」ということだ。理念および目標は、ある意味で概念的な部分も多い。つまり、あるだけで何をすればいいのか、わかる代物ではないのだ。良い意味で網羅的、悪い意味で抽象的なのだ。そこで戦略が必要となる。**理念と目標を実際の仕事に近づける役目を果たすのが戦略**である。

②　戦術が構築できない

二つ目は、「**戦略がないと戦術が構築できない**」という理由からだ。理念と目標を現場レベルの業務「どうやるか（how）」にまで落とし込んだものが戦術である。ただ、何をやるかが定まっていないのに、どうやるかを決めることはできない。戦略とは、理念・目標と戦術とを結びつける役割を果たすのだ。

③　戦略がない企業は衰退する

三つ目は、「**戦略がない企業は衰退する可能性が高い**」ということが挙げられる。戦略がないために（あるいは、悪い戦略のせいで）破綻してしまった企業の代表例は、やはりJAL（日本航空）だろう。官僚主義と既得権益にしがみつき、勝ち残るための戦略を構築できていなかったために、国からの優遇施策がありながら経営破綻してしまった。現在では、稲盛和夫氏の手腕により、再上場を果たしている。

❖戦略における4つの要諦

戦略の必要性について、ご理解いただけただろうか。とくに戦略は、理念と目標と、戦術とを結びつける大事な役割を持つ。つまり、**戦略がしっかりと構築できていなければ、現場の仕事にも影響を及ぼしかねない**ということだ。

「現場が指示どおりに動かない」「現場の働きがにぶい」。そのような場合には、正しい戦略が構築できているかを疑おう。現場の責任を追求するのは、それからでも遅くはない。

戦略において、とくに重要なのは次の4点だ。

① 差別化

差別化とは、「**競合他社が持っていない強みを発揮する**」ということだ。とくに企業には、お客様にとって差別的に扱われる、あるいはとくに評価される部分がなければならない。

差別化ができていれば、お客様は優先的に自社の商品やサービスを購入してくれる。競合他社に負けることなく、事業を展開できるのだ。

自社の優位性を発見するために活用できる方法のひとつが「**SWOT分析**」である。自社の経営資源を「強み（strengths）」「弱み（weaknesses）」「機会（opportunities）」「脅威（threats）」の４つに分類する手法だ。

ＳＷＯＴ分析によって導き出された強みと弱み、および機会と脅威を把握した上で、どのように差別化すべきかを検討する。それが戦略の基本である。

②　集中

集中とは、特定の事業に集中して、ムダをできるだけ排除すること。そうすることで、自社のリソースを最大限に活用できる。

大切なのは、「**本当に集中するべきところに集中する**」ということだ。必要なものまで削ってしまってはいけない。ヒト・モノ・カネ・すべてに言えることだ。

その上で、どこに集中するべきかを決める。あえて捨てるべき事業もあるかもしれない。しかし、中途半端なことはせず、捨てるところは捨て、攻めるところは攻める。決断するのは経営者だ。

とくに中小企業の場合、力の入れ具合を分散させないように注意したい。使える経営資源は限られているのだ。不要な多角化によって力が分散してしまわないように注意したい。

③ 顧客満足

戦略と聞くと、いかに賢く、よりたくさんのお客様を獲得することだと思ってしまう人がいる。逆である。いかに顧客満足を高められるかを考えた結果、お客様が増えていた。それが戦略の要諦だ。

顧客には新規顧客とリピーターがいる。どちらも大切だが、コスト面から考えると、優先すべきなのはリピーターだ。新規顧客を獲得するには、リピーターを維持するよりも7倍のコストがかかるとされている。

大切なのは、顧客満足を高め、リピーターを維持しつつ、新規顧客を獲得することだ。

では、顧客満足を高めるために、戦略をどう生かすべきか。結論から言うと、**常に、お客様の期待を上回る努力をする**ことである。

そのためには、満足してもらうだけでは不十分だ。感動を目指そう。顧客満足から顧客感動へ。御社の戦略は、顧客を感動させる方向に向いているだろうか。次の5つの原則をチェックしてほしい。

1 お客さまを知る

まずはお客様を知ることである。お客様を特定し、どのような特徴を持っているのか、どのようなライフスタイルなのか、趣味嗜好についてなどを把握する。ターゲットが幅広いこともあるが、共通する特徴や傾向を知ることで、やるべきことが明らかになる。

2 お客様が何を求めているのかを知る

お客様の特徴を把握した上で、何を求めているのかを知ろう。とくに、その商品やサービスに対して何を求めているのかが重要だ。直接的に表れている需要だけでなく、その奥にある本質的な願望を明確にしておけば、顧客感動も可能となる。

3 満足度を測定する

お客様の満足度は必ずしも目に見えるとは限らない。場合によっては、アンケートなどを活用して測定する必要もあるだろう。企業側の印象と顧客側のイメージがかけ離れていることもある。満足度を正しく測定する仕組みを用意したい。

4 計画と実践

満足度を測定する仕組みをつくったら、どのようにしてお客様の満足を高めるのか、感動していただくのかを、実践するための計画をつくろう。計画し、実践し、さらに計画を改善して実践していけば、顧客感動への道筋が見えてくる。

5 評価とフィードバック

評価とフィードバックも忘れないようにしたい。たとえ経営者が実行しなくとも、評価とフィードバックによって関与することで、現場社員のモーティベーションも高まる。経営者も含めた全社的な取り組みがあってはじめて、顧客感動は生み出されるのだ。

④ 新規事業への挑戦

企業は常に新しいことに挑戦しなければならない。それがすなわち、変化に対応することにつながるからだ。そして企業は継続的な成長が求められる。新規事業は成長の源泉である。

ただ、闇雲に新規事業を展開しても、待っているのは赤字と撤退である。そこで戦略が必要となるのだ。

新規事業を行う際のポイントは次の7つである。

1 消費者志向

いまや物があふれる時代だ。もはやいい物をつくっただけで売れる時代ではない。これから新しい事業を行うのであれば、なおさら消費者志向が欠かせない。経営者は現場を見て、市場を観察し、消費者が何を求めているのかを常にチェックするようにしたい。

2 マーケットサイズ

せっかく新規事業を始めるのであれば、本業に影響を与えるぐらいに成長してもらいたいものだ。そこで注目すべきなのがマーケットサイズである。本業を脅かす規模を求めてはいけないが、あまりにインパクトがなさすぎる市場も考えものである。相応のマーケットで勝負したい。

3 本業の強みを生かせる

いくら新規事業とは言え、まったく新しいことをする必要はない。むしろ、すでに社内にあるリソースやノウハウを生かせるものが望ましい。本業の強みを生かせるものならなおさらだ。いずれにしても、強みがなければ市場で勝ち残ることは難しいだろう。

4 経営者のコミットメント

新規事業には経営者自らがコミットしなければならない。中途半端に誰かに任せてしまえば、それだけ身が入らない事業になってしまう。単なる思いつきではなく、人財や資金などの経営資源をしっかりと使い、経営者が本腰を入れて取り組むべきなのだ。

5 目標と評価基準

経営には目標が必要であることはすでに述べた。新規事業も例外ではない。明確な目標を定め、計画を立て、着実に実践していくことが求められる。加えて、定期的に評価することも必要だ。そのためには、あらかじめ評価基準を設定しておくことである。

6 事後評価

事業がスタートしたら、あらかじめ定めておいた評価基準に則って評価しよう。その結果をフィードバックしてあげれば、担当者のやる気も醸成される。「放っておけば成長する」と考えてしまうのは、経営者の怠慢である。評価は経営者の仕事だ。

7 エグジット・プラン（撤退計画）

目標の項でも説明したが、撤退プランは計画の段階で策定しておかなければならない。いくら経営者の肝いり事業だとしても、ずるずると継続していては、会社の屋台骨を揺るがす自体にも発展しかねない。撤退は計画的に、潔く、だ。

❖生きた戦略を策定するための5つのステップ

では、実際に戦略のつくり方を紹介しよう。生きた戦略を策定するには、次の5つのステップが必要となる。

① 経営者による理念・目標・戦略の説明
② 短期・中長期の暫定目標設定
③ 問題点・課題の洗い出し
④ 解決策の策定・最終目標および戦略の決定
⑤ 戦術への落し込み

以下、順番に見ていこう。

① 経営者による理念・目標・戦略の説明

理念をつくる場合と同様、戦略をつくる際には幹部や社員の参加が必要だ。最終的に決定するのは経営者だとしても、コミットメントしてもらうこと、現場の声を反映させること、当事者意識を持ってもらうこと、などの理由から、**社員参加型が望ましい**（8～12人くらいまで）。その際、経営者から、理念・目標・戦略が一連の流れによって形成されていることを説明しよう。

②短期・中長期の暫定目標設定

次に、短期と中長期の暫定目標を定めよう。ここでは最終的な目標は定めない。あくまでも3年ぐらい先の目標を定めておくことだ。そうすることで、次の「問題点・課題の洗い出し」へとスムーズに移行できる。**最初から企業の最終目標を定めてしまえば、目標が漠然とした現実感のないものになり兼ねない**。そうなると、戦略もまた身近なものではなくなってしまう。

③問題点・課題の洗い出し

戦略を立案するとき、つい、たくさんの「やるべきこと」を挙げてしまうものだ。しかし、それでは企業の方向性がブレてしまい、差別化も集中もできなくなる恐れがある。結果的に、やるべきことが多すぎて、どれも中途半端にしかできないという事態になり兼ねない。それでは戦略の意味がない。そこで、**戦略は〝引き算〟で考えよう**。何かをやるなら、何かをやめる。問題点と課題を洗い出せば、今、やるべきことが見えてくる。優先順位が明らかになる。

④ 解決策の策定・最終目標および戦略の決定

問題点および課題を洗い出したら、解決策を考えよう。その上で、**暫定的だった目標を、最終的な目標へと昇華させていく**。解決策を実行し、最終目標を達成するためには何をすればいいだろうか。市場の環境、競合他社の状況からどのように攻めることが最善だろうか。どうすれば自社の強みを生かし、優位にビジネスができるだろうか。その答えが生きた戦略である。

⑤ 戦術への落し込み

戦略を策定したら、あとは全社的に浸透させるだけだ。各部門に持ち帰ってもらい、実践するための戦術を考えてもらう。くり返しになるが、**戦略をつくるのは経営者の責務、戦術をつくるのは現場担当者（社員）の責務である**。戦術の実行において経営者ができることは「信じてまかせる」ことだ。そのうえで、適切な評価とフィードバックを行いたい。

POINT

戦略と戦術の違いは、「何をやるか」と「どうやるか」。
戦略の要諦は「差別化」「集中」「顧客満足」「新規事業への挑戦」。

3 経営者は後継者を育てなくてはならない

❖後継者を育てられなければ経営者失格

私が45歳でジョンソン・エンド・ジョンソンの経営者に就任したとき、当時米国総本社の会長だったジェームズ・E・バーク氏から言われたのが次の言葉だ。

「新くん、まずは社長就任おめでとう。だが、いずれ辞めるときが来るだろう。もし、あなたが経営者としてどれだけ立派な業績をあげたとしても、社長職を辞するまでに後継者を育てていなければ、私はあなたに50点以上の点数をつけられない」

後継者を育てられなければ落第、つまり経営者失格というわけだ。

社長に就任したばかりでありながら、すでに後継者のことを考えなければならない。この言葉を聞いたとき、驚きとともに感銘を受けたのを覚えている。

優秀な後継者へとバトンタッチするために、重要なのは「**人財の採用**」と「**育成**」だ。育成については後述するとして、採用時のポイントについて簡単に触れておこう。

そもそもスキルについては入社後でも身につけられる。座学でも、ＯＪＴでも学べるのだ。しかし、人間としての基本的な資質、たとえば人柄や人格は、トレーニングだけではどうにもならない。だからこそ、**会社の理念や価値観を共有できるかは、採用時に判断しておくべきなのだ。**

採用が大事な理由はそこにある。

金は少し汚れていても磨けばピカピカに輝く。銀も磨けば銀なりに光る。しかし、銅はいくら磨いても、銅にしかならないのだ。ドウにもならないのである。

❖後継者を育てなければならない理由

経営者の責務は勝ち残る企業をつくることである。勝つだけではダメなのだ。企業を後世へと残さなければならない。そのためには、後継者が必要となる。

本章の冒頭で、経営者は6年で辞めるべきだと説いた。**アイデアが枯渇し、経営者としての旬が過ぎてしまえば、会社に貢献できなくなるからだ**。

そのとき、後継者が育っていなければどうなるか。会社に貢献できないとわかっていながら、ずるずると経営職に居座ることになる。社員はもちろん、ステークホルダーもいい顔をしない。より後継者が育たなくなる。悪循環だ。

だからこそ、**経営者になった瞬間から、後継者の育成をスタートしなければならない**のだ。6年間が長いと思うか短いと思うかは人それぞれだが、それほど余裕がある期間とは言えそうにない。

理念をつくり、目標を決め、戦略を立案し、実行から評価、フィードバック。もちろん結果を出さなければならない。経営者としても成長しなければならない。加えて後継者の育成である。

経営者になれたからといって、浮かれている暇はないのだ。

❖後継者に向いている人財とは

後継者の育成方法を紹介する前に、どのような人が後継者に向いているのかを理解しておこう。次ページの図を見てもらいたい。

縦軸に「**価値観が共有できているか（相性）**」を置き、横軸に「**スキルと実績**」を置いたマトリックスだ。この図からわかるのは、後継者に向いている人財を選定する基準が次のような優先順位となる、ということだ。

つまり、スキルや実績ではなく、**価値観が共有できており、会社との相性が良いことが最も大切**なのだ。価値観と相性に加え、よりスキルが高く、実績のある人財が後継者にふさわしい。

後継者選びマトリックス

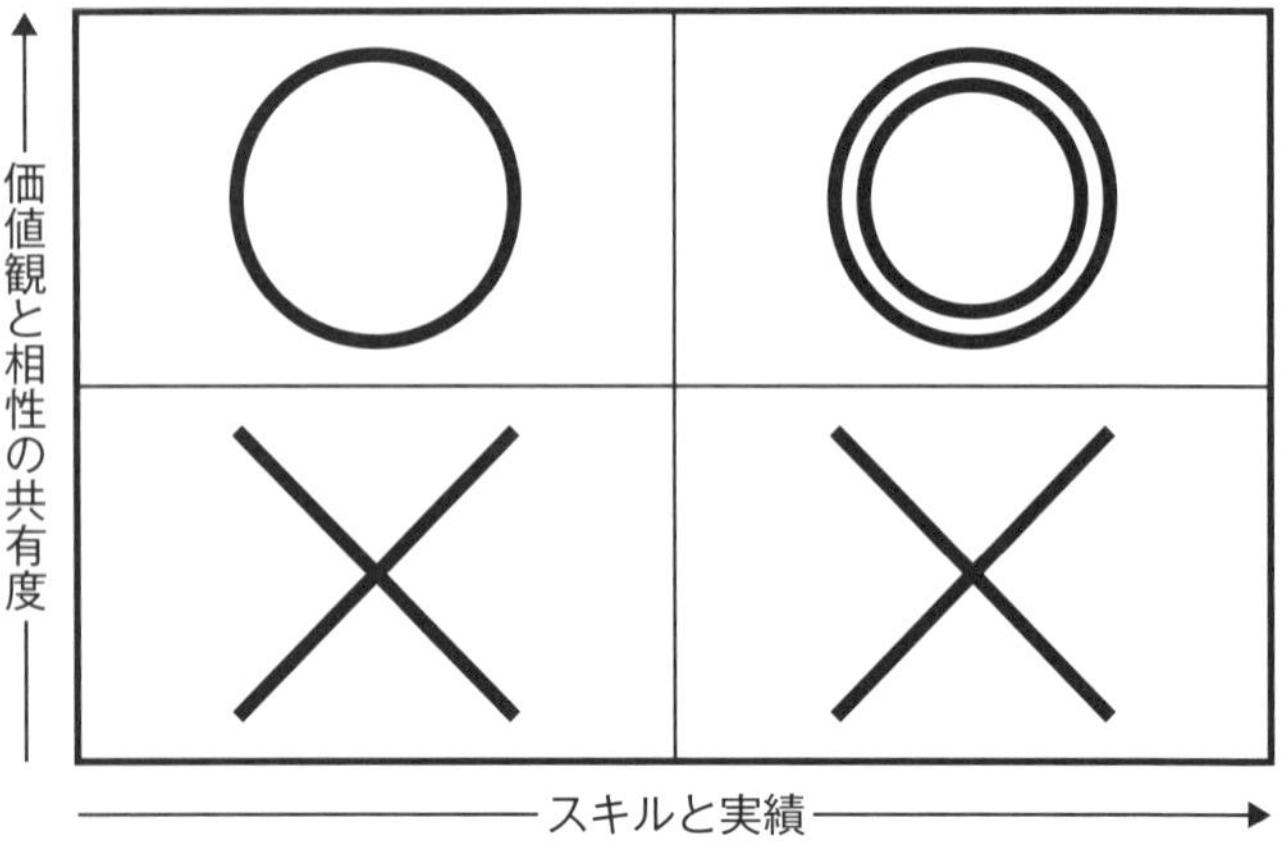

これがもし、スキルと実績を優先してしまうとどうなるか。裏切られる可能性がある。優秀であるだけに、会社をあらぬ方向へと導いてしまう恐れがあるのだ。

ここで考えておきたいのは、「**親族に会社を継がせる**」という選択である。同族経営と聞くとあまりいい印象を持たない方も多いかと思うが、前記の点から考えると、息子や娘に会社を継がせるのは悪い判断ではない。

なぜなら、価値観が共有できている可能性が高いからだ。親子であれば相性がいいことも多いだろう。とくに中小企業の場合には、下手に外部から人員を連れてくるのは危険である。

親族であれば、その働きぶりを見ているも

のだ。どのような想いで仕事をし、会社をどうしていきたいのかも受け入れられやすい。スキルや実績はあとから身につけさせればよいのだ。

❖後継者を育てる際の4つのポイント

では、実際に後継者を育てる際にはどのようなことに注意すればいいのか。ポイントは次の4つである。

①座学、メンター、修羅場

経営者を育てるものは3つある。すなわち、「**座学**」「**メンター**」「**修羅場**」だ。

座学とは、読書をする、セミナーに行く、勉強会に参加するなどをして学ぶことだ。日々の業務に追われていると、つい経営の原理原則がおろそかになってしまう。そこで、読書をしたりセミナーに参加して、経営の基本に立ち返ってもらいたい。体系化されていれば理解も深まる。

メンターは3人いることが望ましい。とくに経営者の場合、周囲に直言・苦言・諫言できる人が少なくなりやすい。そうなると、自分を正すことが難しくなるのだ。そこでメンターである。ときには苦言を呈してもらい、ときには勇気をもらい、ときには知恵を与えてくれる。メンターが3人いれば経営者はどんどん育つ。

そして最後は修羅場だ。経営学は本を読んで学べるが、**経営力はやってみなければ身につかない**。それも、簡単な仕事ではなく、修羅場が人を育てるのだ。難しい仕事を任せる、気難しい顧客の担当をさせる、海外拠点の立ち上げを経験させるなど、方法はたくさんある。

とくに、親族に会社を継がせようと考えている方は、ぜひ積極的に修羅場を経験させてあげることだ。甘やかしてもいいことは何もない。後悔するのはあなたであり、後継者本人だ。できれば30代から40代の若いうちに、多くの修羅場を乗り越えてもらいたい。

座学・メンター・修羅場。この3つが経営者を育てるが、割合としては座学1割、メンター2割、修羅場7割だ。やはり、**経営者は現場でこそ育つ**のだ。

② 機会は平等に、処遇は公正に

日本では長らく年功序列が根づいていたが、ここにきて状況は変わっているようである。

そもそも日本の年功序列は、どちらかと言えば年功ではなく〝年齢〟序列であった。そのため、実力があるものが正当に評価されず、ろくに仕事もしない社員が管理職にとどまるということもあった。しかし、それで会社が成長するわけがない。

もちろん、人も育たない。いくらスキルを身につけても、実績をあげても、正当に評価されないのではモーティベーションも上がらないだろう。本当に優秀な人は、会社を去ってしまうかもしれない。

だからこそ、人財の育成で大事なのは「**機会は平等に、処遇は公正に**」である。これは、私がジョンソン・エンド・ジョンソンの経営者を務めていたときにつくったスローガンだ。チャンスは平等に与える。その上で、処遇や評価は結果に応じて公正に行う。それが風通しの良い会社というものだ。年齢も、社歴も、これまでの実績も関係ない。

極端な成果主義もいけないが、せめて経営者は、機会を平等に与えること、そして処遇を公正にすることを意識してもらいたい。

③ 速やかな権限委譲を

権限委譲とは、つまり「**任せる**」ということだ。人を育てるには、自分がやってみせるのではなく、どんどん任せるといい。

ただ、実際には、この権限委譲ができていない人が多い。理由はさまざまだが、「ミスをされたら困る」「自分のほうがうまくできる」などの理由が挙げられる。根本的に、人を育てる気持ちがないのだ。

しかし、経営者はそれではいけない。後継者を育てられなければ落第である。会社を引き継ぐ者がいなければ、畳むしかないのだ。会社をつぶす経営者を誰が評価できるだろう。

では、どうすればスムーズに権限委譲ができるのか。まず、**人をよく観察する**ことである。育てるべき人財を観察し、性格や特徴、仕事ぶりを知ることだ。そうすることで、どれだけ任せればいいのか、どんな仕事を担当させるべきなのかがわかるようになる。

次に、**任せた仕事について、報告を受けるようにしよう**。任せると放任とは異なる。結果はもちろん、中間報告もしっかりと受け、状況に応じて適切な指示を出す。場合によってはアドバイスをする。その際、膨大なレポートを提出させる必要はない。口頭でも構わないのだ。

あとは**正しく評価する**ことだ。ポイントは「**なるべく早く**」「**結果と過程を**」「**信賞必罰**」の3つである。仕事ぶりに対して評価がなされないと、人はやる気をなくす。また、結果ばかり見られるのも同様だ。加えて、褒めるべきときには褒め、叱るべきときには叱る。それが人を育てる。

④ 計画を立てる

最後に、**後継者の育成は、計画を立てて行うべき**だと言っておきたい。計画がなければ、つい、後回しにされてしまうからだ。

しかし、後継者育成は、経営者にとって最優先事項だ。後継者が育っていなければ、あっという間に6年が経過し、旬を過ぎているのに経営職にとどまらなければならなくなる。その場合のデメリットはすでに述べたとおりだ。

だからこそ、後継者育成は計画に則って行ってもらいたい。あらかじめ、社長に就任してから6年後には会社を引き継がなければならないと自覚しておけば、計画も立てやすいだろう。

6年の間に、どんな経験をさせるのか。機会や処遇、評価はどうするのか。そういったことをあらかじめ決めておくのだ。そして、状況に応じて変えていく。自身の後継者をより絞り込んでいく。

後継者の育成は大変な部分も多い。だが、候補者が着実に成長している姿を目の当たりにすれば、ワクワクすることだろう。後継者こそ、自分が育てた会社を、さらに未来へと引き継いでくれるのだ。

6年後、経営者として落第になるか。それとも、より会社を大きくしてくれる人財を育成し、勇退できるか。**すべては後継者の育成にかかっている。**

❖現経営者の意見も「one of them」として扱う

現状として、日本の多くの会社では、社長の一存によって後継者を決めている。しかし、そうなると、客観的に判断できないことがある。結果として、後継者選びに失敗してしまう。

そうならないためには、理想として、「**指名委員会**」をつくっておくと良い。外部の人間の目も入れて、厳しく審査するのだ。そこでは、現経営者の意見も「one of them」として扱われる。

そのときに、大切なのが「**社長像**」である。わが社の経営者になるべきなのは、どういう能力がある人なのか。どういう資格を備え、どういう条件であるのか。人格、人柄まで、あらかじめ紙に落とし込んでおく。

すると、判断にブレがなくなる。外部の人間を入れて、指名委員会で決定したとしても、大きく間違うことはない。

POINT

後継者を育てられなければ経営者失格。最適な人財を見極め、計画的に育成することが肝要である。

本章のまとめ

- 経営者は、6年で辞めることを視野に置いて、その間に自分がやるべきことを考える
- 経営者が6年間でやるべきことは、「経営理念」「目標」「戦略」「後継者育成」
- 経営者は、「戦略」を決めて、現場のリーダーに「戦術」を考えさせる
- 後継者を育てられなかったら経営者失格である

第5章

経営者とダイバーシティ（多様化）への対応

変化する能力そのものが一つの競争優位性である。

ジャック・ウェルチ（GE元最高経営責任者）

1

多様化に対応した企業だけが生き残れる

❖〝多様〟であることを経営の活力とする

ダイバーシティ（多様化）は、今後勝ち残る企業になるためのキーワードだと言える。

「ダイバーシティ（diversity）」という単語の本来の意味は「多様性」だが、私はこれを経営の世界における大きな変化と捉え、本書では「多様化」という表現を使う。

２０００年以降、人々の働き方が大きく変化している。これまでは正社員として働くのが当たり前だったのが、現在では派遣社員や契約社員、パート、アルバイトなど、いわゆる非正規雇用で働く人々が急増している。最新の統計データを見ると、すでに**全従業員のうち実に4割の人々が非正規社員として働いている**という現実があるのだ。これらの中には本当は正社員として働きたいにも関わらず非正規の立場に甘んじている人々もいる一方、ソフトウエアのプログラミングなど特定スキルのプロフェッショナルとしてのキャリアを追求したかったり、親や配偶者の介護のため、あるいは自分のやりたいことをやるための時間を確保したいという理由で、あえて非正規雇用を選んでいる人々もいる。

加えて、フリーランスとして在宅勤務で働いたり、独立・開業、起業などの新潮流もある。かつては考えられなかった働き方の多様化が、目の前で進行しているのだ。

多様化は働き方だけではない。**職場で働く人々の顔ぶれも大きく変わってきた**。かつては職場の主力は男性中心で、女性はアシスタント的な役割が多かった。しかし、今や女性が取締役や管理職、チームリーダーとして活躍することは当たり前である。また、近年のグローバル化の進展により、国内企業でも外国人と机を並べて働くことが珍しいことではなくなった。さらに一旦定年を迎えたシニアを再雇用したり、障害者を企業の規模に応じて雇用を義務づけるようにもなっている。「LGBT」(lesbian、gay、bisexual、transgenderの略)と呼ばれる、いわゆる性的マイノリティの人々の権利を守る動きも盛んになってきた。

このような働き方や働き手の多様化の動きは、人手不足に悩むサービス業や中小企業の経営者の方が、大企業の経営者よりもよく理解しているはずだ。

しかし、ダイバーシティへの対応は単に労働力確保のためだけではない。**これからは多様な価値観・個性を持つ人財と協働することが、企業が勝ち残るための新たな活力源となるのである。**

❖経営の世界で吹き荒れている4つの風

いま、経営の世界で4つの「変化」の風が吹き荒れている。「**グローバル化**」「**多様化（ダイバーシティ）**」「**IT化**」「**変化のスピード化**」だ。

このうち、とくに「変化のスピード化」についてはすでに述べた。グローバル化とIT化についてはここであえて述べる必要もないだろう。本章で強調しておきたいのは**多様化（ダイバーシティ）**についてである。

ある大手自動車会社に頼まれて、講演をしたときのことである。終了後、人事部長と話していると、彼が次のようなことを言っていた。

「最近の社員たちは、みんな似たような意見しか持っていません。まるでどこを切っても同じ顔が出る金太郎飴のようなものです。多様化が必要とされていますが、社員に関しては、深刻な〝同様化〟が進んでいる状況です」

これはたしかに由々しき事態だ。みなが同じ意見しか持っていなければ、あるいは持っていても発言しなければ、会社はどんどん同質化していく。他社との違いがなくなってしまう。エッジとなるものがなければ、差別化などできようもない。

それでなくても、企業とは同じ感覚や考え方をする人間の塊になりやすいものである。たとえ優秀な人を雇っても、10年20年と勤めていくうちに、同様化が進んでしまうのだ。

同様化した社内からは、ピカッと光るようなアイデアは生まれない。

❖「女老外」＋若者を活用しよう

そこで、私が提案したいのは「**女老外**」の活用だ。つまり、女性、老人（シニア）、外国人をもっと積極的に採用して、企業活動に生かしていくということである。

幸い、女性の活躍に関して言えば、政府も法制化するなどして後押ししている。この流れに乗って、女性をどんどん登用し、責任あるポストにつけていかなければ、社内はどんどん同様化してしまうだろう。

国家的な事情を加味すれば、少子高齢化によって日本人が減っていくという状況は、避けられそうもない。国内の労働力はどんどん減っていく。であれば、やはり外から人を雇わなければならない。外国人の採用だ。

また、元気なシニアも増えている。詳しくは後述するが、もともと60歳が定年というのはいまの時代に合っていない。まだまだ活躍できる人財と、年齢でしばって引退させるというのは、年功序列の悪しき名残ではないだろうか。

女性、シニア、それに外国人。これに若者を加えた「**女老外＋若者**」。こういった多様な人財を適切に活用できる企業こそ、変化に対応し、勝ち残ることができるだろう。

大事なのは、まず経営者が変わることだ。女性やシニア、老人、若者を積極的に登用することをためらってはいけない。変化はすでに起きているのだ。

❖求める人財像をイメージする

女老外および若者を積極的に活用すると、どういう変化が起こるか。これまで同質化していた社内に、新しい刺激が入ることになる。

ダイバーシティの時代においては、**経営者がまず自社の求める人財をしっかりイメージするべきである**。女性だからとか、シニアだからとか、外国人だからと意識しすぎてはいけない。自社の戦略を実行に移して目標を達成し、勝ち残る企業になるためには、今後どのような人財が必要かを考えてほしい。それを人事部に指示するのだ。その結果として、女性の採用が多かった、シニアや外国人が多かったというのが理想的である。

POINT

経営者は、変化に対応しつつ、企業を成長させなければならない。それには「女老外＋若者」の活用は不可欠。

2

女性の活用は、経営者の意識改革のスタートライン

❖日本企業は人口の半分を占める労働力を活用していない

政府が、女性の積極的な社会進出を後押ししている。「まずは民間から」ということなのか。いずれにしても、経営者はこれをチャンスととらえ、積極的に活用していきたい。

とくに日本は、諸外国と比較して、指導的地位に占める女性の割合が低い。アジアの主要国と比較しても差は歴然だ。

これは能力の差によって生じた結果ではないと思う。「男は仕事、女は家庭」という、昔

ながらの固定観念が社会に浸透しているためではないだろうか。

「家内」という言葉がある。「奥さん」でもいい。いずれも「女性は家の中にいるものだ」という発想からつけられた呼び方である。そろそろ止めていいのではないか。家にいて、家事全般を行い、子どもを育てる。そういった画一的な発想は、時代遅れになりつつある。

人口の半分は女性である。これだけの労働力を無視して勝ち残っていくことなど、できるはずもない。政府が女性の活用を後押ししているという背景もあるが、できることなら、**経営者は受け身ではなく、積極的に活用してほしい**。それが変化に対応することであり、イノベーションへの近道にもなり得るからだ。

❖女性社員が元気のよい会社は明るい

「その村がいい村であるかどうかは、女性が元気かどうかを見ればわかる」

会社も同じではないだろうか。女性社員に元気がなく、表情が暗い会社は、全体の雰囲気もどこか暗澹としている。

もし、あなたの会社の女性社員に元気がないとしたら、その原因は次の３つのいずれかだと考えられる。

①上司が話を聴いてくれない

女性は男性と比べるとおしゃべりが好きである。立ちっぱなしで他愛のない話を何時間でもできるのは女性だけであろう。それだけに、常に自分の話を聴いてもらいたいという欲求を持っている。仕事上でも同様だ。

上司が自分の話に耳を傾けてくれないと、女性社員は不満を感じるようになる。相談したいこともあるだろう。アドバイスだって求めているかもしれない。少なくとも、ときにはフェイス・トゥ・フェイスでコミュニケーションをとる時間を設けてあげるべきだ。

②権限を与えられていない

一方的に指示されるばかりでは、仕事のモーティベーションは上がらない。男性にかぎらず女性も同じだ。にもかかわらず、なぜか女性には責任と権限が与えられていないことが多い。それでは、どんなに有能な人でも嫌になってしまうだろう。

適性を知り、強みを知り、何ができるのか、何をさせるべきなのかを判断することである。その上で、**最適な仕事を責任と権限のもとに任せてみる**ことだ。それが、経営者がやるべき人財の活用である。ただ指示を出すだけの経営者は、有能な女性から見放されることになる。

③ 昇進の機会が与えられていない

もし、女性であるというだけで出世の道が閉ざされているとしたら、どうやっても女性社員が元気になるはずはない。閉塞感があるなかで、どうやってモーティベーションを上げよというのだ。とくに、男性以上にスキルがある女性社員ならなおさらである。

人財の育成で重要なのは、「**機会は平等に、処遇は公正に**」であると述べた。そこに男女の違いは設けるべきではない。昔ながらの評価基準を使用しているのなら、いますぐ撤廃しよう。社内の悪しき風潮を改善できるのは、経営者の英断だけである。

では、どうすれば女性が元気になるだろうか。**上司が話を聴き、権限と昇進の機会を与えればいい**。

加えて、女性は褒め言葉に弱い傾向がある。男性とは違って、素直に受け取ってくれる可能性が高いのだ。評価するにしても、叱るにしても、まずは褒めることを優先して行いたいものだ。

❖女性ならではの発想が会社を発展させる

人口の半分は女性であると述べた。その点から考えると、消費者の半分も女性ということになる。

いくら「お客様を理解しよう」「積極的にコミュニケーションしよう」とがんばっていても、社内に女性がいなかったら、なかなかうまくいかないだろう。女性の気持ちは、やはり女性にしかわからないものだ。

家庭内の問題を抱えているビジネスパーソンは少なくない。だが、女性の扱いがうまくできなくて、果たしてビジネスを上手にできるのだろうか。それが経営者だった場合、死活問題である。

女性には女性の発想がある。化粧品、装飾品、あるいは寝具などの開発には、女性目線が欠かせない。いくら男性ががんばっても敵わない分野だ。

あるいは、女性専門の商品を取り扱っている企業などは、なおさらである。まさか、女性向けの商品やサービスを提供している会社の役員に、女性がひとりもいないなど、笑い話にもならない。

購入するのは女性なのだ。そこに女性の視点が入らずに、どうして売れる商品が開発できよう。男性目線だけでは、視野が狭くなって当然だ。

女性の活用は、経営者の意識改革において、スタートラインである。必要性に気づいたときにはすでに手遅れ、ということがないようにしたい。

POINT

日本では、いまだに女性の活躍が進んでいない。経営者が率先して女性の重要性を認識することが大切。

3 シニアの活用は、年齢でなく、スキルと健康で判断する

❖現在の60歳はまだまだ壮年である

日本では、徐々に定年が引き上げられつつある。これまでの60歳から段階的に65歳まで伸びようとしているのだ。将来的には67歳になるかもしれない。

１９７０年代では、大企業でも定年は55歳だった。それに比べれば伸びているのだが、平均寿命の伸びと比較すると、伸び率は低い。

・１９７０年　定年：55歳　平均寿命：男69・18歳、女74・67歳（平均71・93歳）
・２０１４年　定年：60歳　平均寿命：男80・50歳、女86・83歳（平均83・67歳）

とくに、「健康寿命」という意味で言えば、さらに伸びていると言える。

私は常々、現代は「**7がけの人生**」だと思っている。つまり、現代の60歳はかつての42歳であるという意味だ。80歳の人であれば56歳である。

かつての60歳はすでに老人というイメージだったが、現在では違う。還暦という言葉に騙されてはいけない。今の60歳はまだ壮年である。能力とやる気さえあれば、いい仕事ができる人はたくさんいるはずだ。

にもかかわらず、定年と言って画一的に退職させるのは、本当にもったいないことだ。本人としても不本意だろう。希望したら65歳どころか、70歳、あるいは80歳まで働いてもらってもいい。

私の基準では、たとえ80歳と言えども、かつての56歳に相当するのだから。

❖年齢ではなく「スキル」と「健康」がポイント

定年とともに引退するという風潮をなくすためには、どうすればいいか。まず、考え方を変えることである。

年齢にとらわれてしまうと、的確な判断ができなくなってしまう。「60歳だから定年だよね」と思えば、どんなに元気があっても、どんなに意欲的であっても、思い込みによって仕事ができなくなる。

そこで、**経営者が率先して働き続ける**ことだ。同じ経営職にとどまるのは6年までがいいと思うが、他社の取締役をしたり、自分で新しい会社を設立するなど、できる仕事はたくさんある。

そのように、元気なシニアが増えていけば、中年層や若年層にも影響を与えることができるだろう。なにも少子高齢化だからと落ち込むことはない。シニアが元気に働ける社会をつくれば、日本の未来はそれほど暗くないだろう。

基準になるのは年齢ではなく、スキルと健康だ。十分なスキルがあって、働けるだけの健康を維持しているのなら、年齢に関係なくバリバリ働いていい。とくに、若手が持っていない経験や技術を伝えられるのは、シニアしかいないのだ。

これまでの慣例に流されて、仕事ができるのに、仕事をしたいのに、引退するということはないようにしたい。

❖ベテラン社員の取り扱いの注意点

高齢ということにおいて、経営者が頭を抱えている問題に「ベテラン社員の取扱い」もあるだろう。意欲的なシニアがいれば、会社にいるだけのシニアもいる。年齢は関係ない。たまに「高齢なので士気が上がらない社員がいる」と相談を受けることがある。ただ、勘違いしないでほしいのだが、士気が上がらないのは年齢のせいとは限らない。若くても士気がない人間もいるのだ。

年齢とともに士気も衰えると考えてしまうのは、短絡的である。年齢を経るとともに元気になる人もいるのだ。経験を経て、仕事の楽しさを知る人もいるだろう。16歳の老人がいれば、80歳を超えた青年もいるのだ。

なので、**もし士気の上がらないベテラン社員の扱いに困っているのなら、まず、なぜ元気がないのかを知るように努めよう**。経営者が勝手に「あの人はベテランだから」と理解してしまうと、余計に気分が落ち込んでしまうかもしれない。

その上で、ベテラン社員を活用する際の３つのポイントを紹介しよう。

①　新しいチャレンジをさせる

ベテラン社員に元気がない理由は、もしかしたら「新しいチャレンジをさせてもらえないから」かもしれない。若いころはいろいろな挑戦をさせてもらったのに、年齢とともにチャレンジができなくなったとすれば、誰しも意気消沈してしまうだろう。**信じて任せてみる**。経営者から率先して任せてみよう。

②　部下をつけない

新しいチャレンジに対して意欲的に取り組まないのであれば、部下をつけず、強みを発揮できる分野の仕事に没頭してもらおう。中間管理職として部下を管理したり、周囲との人間関係をわずらわしく思っているかもしれないのだ。できる仕事を粛々とこなしてもらえば、能力を発揮するかもしれない。

③ 新人の指導をしてもらう

ベテランということは、それだけ多くの経験をしているものだ。年齢を重ねなければ体験できないことあるし、あるいは会社の歴史なども詳しいかもしれない。これまで会社で培ったものを、教育者として発揮してもらえれば、新人にとっても刺激になるはずだ。能力を買っていると思ってもらえれば、期待以上の働きが期待できる。

以上、3つのポイントを試してみてもダメならば、潔くあきらめよう。残念ながら、年齢にかかわらず、会社にいるべきでない人財もいるのだから。

POINT

シニアをうまく活用することによって、会社はさらに活性化する。年齢ではなく、「スキルと健康」で判断するようにしたい。

4 外国人の活用は、経営者自らがグローバリストになること

❖押し寄せるグローバル化の波は止められない

経営の世界に吹き荒れる4つの風。そのうちのひとつに「**グローバル化**」がある。ただ、グローバル化については、ここで認識を改めなければならない。

ためしに、「グローバル化」という言葉を見て、あるいは耳にして、どのような感想を持つだろうか。「また、グローバル化か……。耳にタコができてるよ」。そのように思われた方は少なくないはずだ。

実際、グローバル化という言葉は、一人歩きしているように思う。多くの企業が対応できないまま、必要性だけ植えつけられて、おざなりになっているのだ。

「聞いたことがある」「知っている」と、「実践できている」との間には、大きな隔たりがある。ただ知っているだけならば、知らない人のほうが可能性はあるかもしれない。

なぜなら、知っていいてできない人は、最初からあきらめてしまっている可能性が高いからだ。これでは、いつまでも経ってもグローバル化への対応などできやしない。

最近、シンガポールで企業研修をしたときのことである。相手は、シンガポールに進出した日本企業の幹部たちだ。

まず、日本人の駐在員がいる。現地社員のシンガポール人も当然いる。それだけでなく、中国人、インドネシア人、マレーシア人、インド人など、約50人の幹部のなかに、実に7カ国の人種がいた。

これぞまさしく多様化だ。一般的な日本の企業では、まだ考えられないことだろう。しかし、いずれは対応しなければならない。

❖グローバル化とは「国際化」ではなく、「無国籍化」のこと

そもそもグローバル化とはなにか。その定義を明らかにしておきたい。時系列で見ていこう。

ビジネスの変遷を考えたとき、1960年代は「輸出中心型」、1970年代は「現地化型」、1980年代は「国際化（インターナショナリゼーション）」の時代だったと言える。グローバル化というと、この国際化だと勘違いしている方がたまにいる。正確には間違いだ。

1980年代後半、ビジネスは「多国籍化」の時代に入った。そして現代のグローバル化。あえて日本語に言い換えれば、**グローバル化とは「無国籍化」なのだ**。

私もメンバーのひとりとして参加していた経済同友会では、グローバル企業を次のように定義している。

「グローバル企業とは、国境間の限定された市場のみならず、世界全体を複合化された異質市場の集合としてとらえた上で、全地球的な視野のものに生産、サービス、マーケティ

ング、財務、研究開発、人事政策などの企業戦略を広汎に展開している企業を指す」

少々言葉づかいが難しいが、つまりは「**地球レベルでビジネスをする企業**」ということだ。国が前提となっていない。

❖グローバル化はもはや避けられない

「グローバル化など、自分の会社には関係ない。国内で細々とビジネスを続けるだけさ」

そのように思われる経営者もいるかもしれない。しかし、グローバル化は望んでするものとは限らない。**グローバル化は社会的な変化であり、目下、経営の世界に吹き荒れる風**である。

つまり、好むと好まざるとにかかわらず、やってくるものなのだ。どんな会社の経営者も対応しなければならない。**「対応するか」あるいは「対応できないか」のいずれかである。**

ことと日本で考えてみよう。ひと昔前と比べて、スーパーやコンビニで働く外国人が増えたとは思わないだろうか。統計を見るまでもなく、若者の数が減っていると思わないだろうか。

そうした変化を肌で感じられないとしたら、経営者自身に問題がある。現場を見ていないか、あるいは情報収集が足りない。

「対応できないからいい」。そのような発想では、自社を勝ち残る企業へと成長させることは到底できない。ならば対応するためにはどうすればいいかと、考え続ける以外に道はない。

それもできないのなら、経営者を辞する覚悟をするべきだ。

❖経営者自らがグローバリストになる

では、グローバル化の波に乗って、外国人をどう生かせばいいだろうか。最も手っ取り早いのは、**あなた自身が変わること**である。
まず**経営者自らが、グローバル化する**。グローバリストになるのだ。他人を変えるのは難しい。ならば、外国人をどう社内に溶け込ますのかを考える前に、まずあなたが変われ
ばいいのだ。

グローバリストの条件としては、次の５つがある。

① 自国を知っている

外国人のほうが日本のことをよく知っている。そんな悲しいニュースを聞くことがある。たしかに、一部では日本マニアの外国人も存在している。ただ、諸外国の人が当たり前に知っている日本のことを、日本人が知っていないとしたら、それは恥ずべきことだ。

たとえば、日本の歴史や文化、経済、地理について、あなたはどのくらい知っているだろうか。役に立たないからと勉強をおろそかにしているようでは、到底グローバリストにはなれない。**まずは自国について知ることである**。外国語や他国について知るのは、それからでも遅くない。

② 同じがわかる

「理念が大事」「目標は短期と中長期で」「人材は人財である」。そのような経営の原理原則は、日本の企業にだけ当てはまることではない。世界中のどの企業でも当てはまることだ。

私の実感では、世界の企業と日本の企業において、同じように重要だと思われることは９

割を占める。

つまり、違いは1割ほどしかないのだ。にもかかわらず、違いにばかり注目してしまうのはいかがなものかと思う。なので、**まずは違いではなく、共通点を理解するようにしたい**。その上で、改めて違いを論じればいい。最初から同じ部分が多いと理解しておけば、自ずと親近感も湧く。

③ 違いがわかる

同じ部分を認識したら、改めて双方の違いについて着目しよう。こと経営に関して言えば、その割合はわずか1割ほどである。あとから学んでも十分に間に合うことばかりだ。ゆえに、「経営は原理原則が大事」という結論に行き着く。**わずかな違いを知り、ギャップを埋める努力をしよう**。

④ 違いを許容する

多様性を受け入れるというのは、違いを許容するということである。なにかにつけて「同じにしなければならない」と片意地を張る必要はない。たとえ違う部分があっても、ビジネス上の支障がないのであれば、それぞれ存在していいはずだ。統一するのであれば、改めて妥協点を探ればいい。

⑤　相手に合わせる

自国を知り、他国を知り、同じを知り、違いを知る。その上で、相手に自分を押しつけるというのでは、グローバリストたりえない。とくに、経営者は会社のトップである。**必要に応じて、相手に合わせるだけの余裕がほしい**。交渉と同じだ。結果的に、双方がウィン・ウィンの関係になれれば、それがベストなのだから。

❖グローバルな経営者として意識すること

そのほか、グローバルな経営者になるために、意識しておきたいことを紹介しよう。

① 外見も重要

「メラビアンの法則」というものがある。アメリカの心理学者アルバート・メラビアンが提唱したものだ。それによると、コミュニケーションにおいて、人に印象を与えるのは、話の内容が7％、聴覚情報が38％、視覚情報が55％だそうだ。

つまり、話の内容もさることながら、外見や声質の方がはるかに重要ということになる。さすがにビジネスシーンで話の内容が重要ではないと思っている人はいないだろうが、**外見、ジェスチャーや話し方にも注意を払うようにしたい**。ヨレヨレのスーツとガラガラ声で下手な話し方でプレゼンテーションをされたら、説得力が薄れてしまう。「話が下手では話にならぬ」のである。

② 個性の尊重

会社は団体でありながら、個の集合体でもある。企業文化を大事にするのは素晴らしいことだが、個性を埋没させてしまっては意味がない。とくに**日本企業は、社員に没個性を勧めるような風潮があるので注意したい**。

たとえば、新人からの斬新な意見に対し、「社会人になりたての学生あがりが何を言っているのか」と思うのは勝手だが、頭から否定してしまうのはいかがなものか。そこに、いまの会社にない個性が隠れていると思えなければ、経営者失格である。金太郎飴はいらないのだ。

③ 論理の重要性

説明もそこそこに、会議を終了してしまうことはないだろうか。「いつものことだからわかっているだろう」と納得してしまうのはいただけない。また、そういう空気感があることによって、本来必要とされている「余計な一言」が生まれない可能性もある。

社内に予定調和は禁物である。話に発展性がない。論理的に矛盾があると思ったら、誰でもつっこみを入れることができるような環境をつくろう。そうすれば、言葉足らずの上司も少しは減るかもしれない。普段から鍛えておかないと、外国人とのコミュニケーションにおいて論理性のなさを責められてしまう。**ビジネスの原点は論理と数字である。**

グローバル経営者に必要なものを身につけたら、あとは社内をしっかりとまとめあげることだ。そこで必要となるのが、第３章で紹介した「**企業理念**」である。

同じ組織の中にいろいろな人種がいる。話す言語が異なれば、宗教も異なる。食事の習慣も違う。そのように、会社の中で多様化が進めば進むほど、個々人の違いが明確になる。インド人はこっちに走り、日本人はこっちに流れ、バラバラになってしまう。

最悪の場合には、社内が烏合の衆になってしまう。組織として収集がつかなくなってしまうのだ。そこで、**社員みんなを同じ方向に向かせるために企業理念を活用する**。

わが社の社員であれば、なにを大切にして仕事をするべきか。将来どのようになりたいのか。社会に対してどのような使命を持っているのか。バリュー、ビジョン、ミッションを企業理念で共有する。

❖外国人とのコミュニケーションで注意したいこと

最後に、外国人とのコミュニケーションにおいて意識したいポイントを確認しておこう。次の3つだ。

①　自己主張する

日本には「察しの美学が」ある。「みなまで言うな」というものだ。しかし、それは外国人相手には通用しない。とくに欧米人は、お互いの意見を述べて相手とやりあう**「自己主張の力学」**を信じている人が多い。そこで自己主張しない人は、自分に自信がないか、自分の意見がないと思われてしまうだろう。いずれにせよ、勝負にならない。「察しの美学」は「自己主張の力学」にはかなわないのである。

②　とにかく発言する

「自己主張といっても、何を言えばいいのかわからない」。そのような人もいるだろう。そうした場合には、なんでもいいからとにかく発言することだ。もし、会議の場でまったく発言しなければ、参加していないのと同様に扱われても仕方がないからだ。質問でも感想でもなんでもいい。**外国人と相対する場合には、とにかく発言するクセを身につけたい**。スピーク・アウトが肝心である。

③ イエスとノーをハッキリさせる

察しの美学とともに、日本には「あいまいの美学」も存在する。あえてボカしておくことで、角が立たないようにしているのだ。しかし、それも外国人が相手では通用しないだろう。「そこをなんとか……」にぴったり当てはまる英語がないように、**英語は良くも悪くも「イエスかノー」なのだ**。何が言いたいのかわからない、と言われないようにしたい。

また、外国人を採用する場合には、待遇、評価、責任を明確にしておこう。日本人ではあり得ないような要求をされることもある。そのとき、返答を濁してしまうと、あとで問題になり兼ねない。

ノーならノーとハッキリ言う。あらかじめ書面に落とし込んでおけば、もめることもなくなるだろう。

POINT

好むと好まざるとにかかわらず、グローバル化はやってくる。グローバル化の第一歩は、経営者自らが変わることだ。

5 若手の登用で、社内にイノベーションを起こせ

❖御用聞きスタイルの経営では「イノベーション」は起こらない

グローバル化と同様に、近年まるで呪文のように唱えられている言葉に「**イノベーション**」がある。アメリカの経済学者であるヨーゼフ・A・シュンペーターが唱えた理論で、日本語では「技術革新」や「新機軸」と訳されている。「創意工夫」「破壊的創造」などと言っている人もいるようだ。

解釈は人それぞれだが、これからの日本企業にイノベーションが必要なのは間違いない。

単純に優れているだけの商品が売れなくなり、顧客の期待を超え、驚きを与えるものでなければ選ばれなくなっているからだ。

アップルのｉＰｈｏｎｅなどは、まさにその典型例だろう。フューチャーフォンを利用している人の中に、「タッチだけで使えるものがあればいいな」と思っていた人は、ほとんどいなかったはずだ。

これまでのように「何がお望みでしょうか？」という御用聞きスタイルの経営は、これからの社会では通用しない。**発想を転換させ、まだこの世には生まれていない、顧客をびっくりさせるようなものをつくらなければ生き残れない**のだ。

そこで、「どうすればイノベーションを起こせるのか」などと、画一的に考えているようでは手遅れだ。まず、**社内の仕組みから変えていかなければならない**。

❖失敗者に冷たい日本の風潮

そうは言っても、実際に、イノベーティブな事業展開をできている企業は少ないだろう。

むしろ、ほとんどないと言っていい。

なぜなら、もともと日本は、イノベーションが起こりにくい社会であるからだ。和を重んじて、秩序正しく、事なかれ主義を貫いていれば、イノベーションなど起こるはずもない。

その証拠に、日本ではベンチャー企業があまり育っていない。起業率も低い。最近またベンチャー企業の上場が増えているという話を聞くが、アメリカには到底およばない規模と数だ。

その理由はどこにあるのか。**日本社会そのものの風潮として、失敗者に冷たいからだと思われる**。

たとえば、アメリカで若者が起業したとする。失敗することもあるだろう。そのとき、周りの人がどう思うかと言うと、「こいつは失敗を経験した。ゆえに、失敗から学び、それだけ大きく成長しただろう。次に挑戦するときは応援してやるべきだ」となるのだ。

一方、日本ではどうだろう。「こいつはもうおしまいだ。失敗してしまったのだから、もともと才能がなかったのだろう」となる。銀行もお金を貸してくれないし、周囲の人も離れていく。まったくもって、社会が正反対の対応をするのだ。

これでは、日本で起業家が育たないのも無理はない。

❖日本では優秀な人ほど起業しない

今では少しずつ変わりつつあるが、依然として日本人はブランド志向が強い。大手企業が好きなのだ。だから、日本の優秀な学生は大手企業に入ってしまう。昔であれば、最も優秀な学生は東大法学部に入学し、大蔵省（現在の財務省）に入って官僚になる。一流企業に入れない人は二流企業に入る。一部の人だけ起業する。

しかし、アメリカは逆だ。ハーバード卒でも、スタンフォード卒でも、優秀な人ほど起業する。ビル・ゲイツやスティーブ・ジョブズのように、途中で学校を辞めて起業する人もいる。そして、起業できない人が企業に入る。企業に入れない人が官僚になる。

こんな話がある。アメリカの大学で勉強していた日本人の学生が、アメリカ人の学生から「将来は何になりたい？」と聞かれた。成績が優秀だったので、「官僚になりたい」と言った。それを聞いたアメリカ人は次のように言った。「アー・ユー・クレイジー？」

アメリカでは、優秀な人ほど起業するのだ。公務員になるのはそれ以外に選択肢がない人のすることだ。

こういった価値観の違いがあるからこそ、日本では起業家が育たない。

また、日本は、起業家を支援するエンジェル投資家の数も少ない。ベンチャー企業の価値がそれほど認められていないのだから当然だろう。一方、アメリカでは、ベンチャー企業に大きな価値を感じている人が多い。だからエンジェル投資家も多い。

社会は失敗した者に冷たく、優秀な人は公務員になるかあるいは大企業に就職し、エンジェル投資家は少ない。こういった状況にある以上、日本では起業家が育たないというのは当然とも言える。

起業する人が少ない社会というのは、あまり活性化しない。アメリカでは、死ぬ会社よりも生まれる会社のほうが多い。しかし、日本では生まれる会社より、死ぬ会社のほうが多い。

そういう国が発展するわけがない。

❖若手の登用で社内からイノベーションを起こす

そこで、経営者であるあなたに提案したいのは、**社内から積極的にイノベーションを起こす努力をしてほしい**ということだ。そのために必要なのが、**若手の登用**である。

若いうちは、いくらでも失敗ができる。日本社会がいくら冷たくても、怖いもの知らずで前進できる。たとえ失敗してしまっても、若さと根性で復活すればいい。

若ければこそ、大胆な挑戦ができる。変に年を重ねてしまって、保守的になった中間管理職とは異なり、アグレッシブに行動できるのだ。

このような、若手が持つ強みを、ぜひ経営に役立てていただきたい。そして、**人財を育成するという思いも込めて、失敗を許容してあげてほしい**。

それが必ず、経営に反映されることだろう。

残念ながら、イノベーションを起こすための唯一の方法論はない。だが、若手を積極的に登用し、大胆に挑戦させてあげ、失敗をカバーするだけの土壌を整えてあげれば、可能性はある。

ぜひ、社内でイノベーションの卵を温めよう。若者だけでなく、女性、シニア、外国人といった、これまでにない人財の発想も役立つはずだ。

また、社外の研究機関や大学とのネットワーキングを築くのも有効だろう。社内と社外の知見を上手に活用すれば、斬新な発想も生まれやすい。

これからは、勝ち残るだけでなく、生き残るためにイノベーションが必要となる。その理由は冒頭で述べた。あとは、経営者がその必要性に気づくだけである。

POINT

これから勝ち残る企業にイノベーションは不可欠。
若手にチャンスを与えて社内からイノベーションを起こそう。

本章のまとめ

・経営者は、ダイバーシティ（多様化）を企業の新たな活力源と捉える
・経営者は、女性社員やシニア、若者を活用して会社を活性化させる
・経営者は、グローバル化に対して自らグローバリストになる
・経営者は、若手にチャンスを与えてイノベーションを起こさせる

第6章

経営者のコミュニケーション術

笑顔は1ドルの元手もいらないが、
100万ドルの価値を生み出す。

デール・カーネギー（実業家、作家）

1

経営者は、伝えること・伝わることに敏感になれ

❖経営者はトンネルの先の光を示せ

いま、多くのビジネスパーソンが「**疲労感・疲弊感・閉塞感**」に苛《さいな》まれている。私はこれを「平成の３Ｈ」と読んでいる。ためしに、電車で通勤する会社員を観察してみてほしい。みんなが下を向き、顔色が悪く、疲れ切っている。

つまらない仕事を生きがいへと変え、社員のモーティベーションを上げるのは経営者の仕事だ。そのためにすべきなのが、社員との積極的なコミュニケーションである。

サラリーマンが仕事にやりがいを見出せない理由には、次の4つがある。

①経営者や上司、会社が自分に何を期待しているのかがわからない（期待不明）
②自分があげた成果がどう評価されているのかがわからない（評価不明）
③与えられた評価と自分に対する処遇にどんな関連性があるのかがわからない（関連性不明）
④自分の会社が将来、どういう会社になろうとしているのかがわからない（方向性不明）

明確な期待と正しい評価。評価と処遇の関連性、そして会社の方向性。これらを明確に示してあげるだけでも、社員のやる気は高まる。

とくに、経営者が示すべき方向性については、次の4つがあると第3章で述べた。

①　いまどこだ？（現状認識の共有）
②　どうなりたい？（理念と目標の設定）
③　何をどうやる？（戦略と戦術の設定）
④　どうなった？（ＰＤＣのＣによる評価・学習・反省・改善）

つまり、**理念・目標・戦略**である。これらを示せなければ、社員は暗闇の中をただ突き進むことになってしまう。どこに出口があるのかわからない。どこに向かっているのかもわからないままだ。

人は、目指す先に光があるからこそ、進むことができる。どんなに遠い目標でも、到達するまでの道筋が明らかになっていれば、少しずつ努力をして歩を進められるのだ。

経営者は、社員に対してトンネルの先の光を示すようにしたい。

❖優れた経営者は伝えることに敏感であるべき

「**優れた経営者はグレート・コミュニケーター（偉大なる伝達者）である**」というのが私の持論だ。経営者たるもの、高いコミュニケーション能力を身につけなければならない。

コミュニケーションの相手はさまざまだ。社員はもちろん、顧客、取引先、仕入先、銀行、外部パートナーなど、多岐にわたる。いずれの場合も、コミュニケーションの手腕を発揮しなければならない。

あるいは、「**社会に対して広く自社の存在意義を伝える**」という活動も、広い意味ではコミュニケーションだ。それが宣伝、ＰＲ、広報活動にまで波及する。

だからこそ、経営者はグレート・コミュニケーターを目指さなければならない。つまり、**伝えること・伝わることに敏感になれ**、ということだ。

アメリカの経営者の多くは、多額の費用を使って、プロからコミュニケーションのやり方を教わり、日々実践している。これはアメリカがもともと移民国家で、人種も宗教も価値観も異なる人々で構成されており、それだけコミュニケーションに気を配らなければならないという基本認識があるからである。日本はその点、同質性の高いお国柄で、「丁寧に伝えなくても察してもらえる」というのがコミュニケーションの前提としてあった。

しかし、前章で説明したように、日本にもダイバーシティ（多様化）の波が押し寄せており、様々な個性・価値観を持った人々と働くことが当たり前になりつつある。**旧態依然たるコミュニケーションでは経営ができなくなりつつある**のだ。

❖コミュニケーションの4つの「目的」を意識するべき

そもそもコミュニケーションとは、共有と交流によって「**共感**」を生むための営みだ。社内であれば社員との、社外であれば取引先や顧客との、家庭であれば家族との共感である。

では、共感を得るためにはどうすればいいのか。意識したいのは、コミュニケーションにおける「4つの目的」だ。

①相手を理解する

誰しも、自分に関心を示してもらいたいと思っている。人の目を気にする人ほど、自分が周囲からどう見られているのか、ということに敏感なのだ。「見られたくない」のではなく、悪く見られたくないだけである。

つまり、こちらから、好意とともに相手を理解しようと努めれば、相手の印象も自ずと良くなる。社員を相手にする場合には、「お疲れさま。調子はどうだい?」と、声をかけるだけでもいい。**相手を理解しようと努めることが、コミュニケーションの第一歩**である。

②伝える

伝えた気になっているだけで、実はほとんど理解されていなかった。あなたも、同じような経験がないだろうか。「**ビジネス上の失敗、その8割は、コミュニケーションの不備による**」という言葉もある。いくら伝えたと思っていても、正しく理解されていなければ意味がないのだ。

では、どうすれば相手に正しく伝わるのか。方法は3つある。

一つ目は、**自分が言ったことを相手に反復してもらうのだ。自分の発言に対し、どのよ**

うに理解したのかを言ってもらう。それが正しければ問題ないし、間違っていれば補足すればいい。「大丈夫だろう」は最も危険だ。

2つ目は、**「事実」と「意見」とを分けて伝える**ことだ。基本的にビジネスは、事実から判断しなければならない。正しい判断は事実から生まれるのだ。事実を踏まえた上で、意見が生まれる。反対に、意見を事実だと誤認してしまえば、判断を誤りかねない。事実と意見を分けて伝えることである。

3つ目は、**ポイントを絞り、結論から話す**ことだ。アップルの創業者であるスティーブ・ジョブズは、スピーチのテーマを3つに絞ることが多かった。伝えたいことがたくさんあっても、あえて3つに絞る。多くても5つぐらいまでだろう。その上で、結論を先に提示する。そうすれば、聞き手は話の全体像をイメージしやすくなり、より伝わりやすくなる。

③ 楽しませる

本来、コミュニケーションは楽しいものだ。友人や知人と他愛のないおしゃべりをする。あるいはティータイムに知的な議論をするのでもいい。自分に関心のあることであれば、いつまでも会話を楽しんでしまうものだ。共感を得られる瞬間は、まさに快感である。

ただ、ビジネスシーンのコミュニケーションでは、話が重くなってしまうことも多い。そこで活用してほしいのが「**ユーモア**」だ。日本人はユーモアが苦手とされているが、なにもジョークを連発することだけがユーモアではない。相手が興味あるであろう話題を提供し、構成を工夫するだけでもいいのだ。

私も、講演や会議でジョークを言うことがある。ただ、経営者が相手だと、通じないことも少なくない。むしろ「経営の話をしているのに冗談とは……」という空気すら感じる。まずは**経営者から、コミュニケーションは楽しいものだと自覚してもらいたい**。

④ 行動を促す

最も優れたコミュニケーターとは、コミュニケーションによって人を動かせる人のことだ。経営者の場合で言うと、自分の考えや志を伝え、相手のやる気を引き出し、行動へと結びつけ、最終的に結果を出させる。

経営者は方向性を示すべきだと述べた。ただ、方向性を示すだけでは足りない。コミュニケーションによって、**正しい方向に向かって行動させる**ことである。さらには、**行動によって結果を出させて**こそ、優れた経営者と言えるのだ。

❖新流《あたらし》「コミュニケーション10カ条」

コミュニケーションの要諦をまとめたものとして、私がつくった「コミュニケーション10カ条」がある。紹介しよう。

〈第１条〉コミュニケーションはまず「聴く」ことからはじめよ。

〈第２条〉コミュニケーションで重要なのは「自分が相手に何を言ったか」ではなく、「実際に相手に何が伝わったか」であると心得よ。

〈第３条〉コミュニケーションでは相手の目を見て大きな声でゆっくりめに話し、相手と波長を合わせることを心がけよ。

〈第４条〉話の順序は、相手によっては起承転結の「結」から話せ。

〈第５条〉コミュニケーションは時間をつくって行う仕事上の課題である。

〈第６条〉真のコミュニケーションはフェイス・トゥ・フェイスでなければならない。Ｅメールは簡単な情報の伝達手段にすぎない。

〈第７条〉悪い話ほど速やかに報告せよ。

〈第８条〉みんなのため仕事のためによかれと思ったことは、立場を超えてどしどし発言すべし。

〈第９条〉異見も気持ちよく意見として認めよ。

〈第10条〉「飲みニケーション」は「Nice to Do」であっても「Must to Do」であ

ってはならない。真のコミュニケーションが行われる場所は職場である。

　このうち、第1条の「聴くこと」について言及しておきたい。人は、話を聴いてもらっていると感じると、相手に対して良好なコミュニケーションがとれていると認識する生き物だ。つまり、**コミュニケーションの要諦は「聴く」という一語に集約される**。

　では、聴き上手になるにはどうすればいいか。ポイントは次のとおりだ。

①人の話を遮らない

相手が話し終わるまで耳を傾けること。つい口を挟みたくなることがあるが、我慢して最後まで聴くようにしたい。

②聴くときは相手の目を見る

話を聴いているときには、しっかりと相手の目を見ること。あまりにらみつけると不快感を与えてしまうので、適時ずらすといい。

③　あいづちを打つ

「なるほど」「そうですね」「わかります」など、あいづちのバリエーションが豊富だと、会話に勢いができる。さらに話を掘り下げたい場合などに効果的だ。

④　メモをとる

「あなたの話をちゃんと聴いていますよ」と、ポーズで示すにはメモをとるのが一番だ。あとから思い出す際にも活用できる。ただ、メモに夢中になりすぎないように注意したい。

いずれにしても、重要なのは「**相手を尊重し、ちゃんと話を聴こうとする姿勢**」である。話し上手は聴き上手だ。

コミュニケーションが苦手という方には、まず、聴くに徹することをオススメする。

POINT

優れた経営者はグレート・コミュニケーターである。コミュニケーションの基本は相手の話をしっかり聴くことから。

2 社内のコミュニケーションの秘訣

❖人は〝論理〟ではなく、〝感情〟で動く

経営者にとって、重要なコミュニケーションのひとつに「社内のコミュニケーション」がある。いわゆる社員とのコミュニケーションだ。コミュニケーションの問題として、社員とどう接したらいいかと悩んでいる経営者は多い。

では、社員とのコミュニケーションはどのように行えばいいのか。その前に、次の言葉を紹介しておこう。

「人は論理により説得され、感情により動く」

これはケンタッキー・フライドチキンの創業者、カーネル・サンダースの言葉だ。「**いくら論理的に説得しても、感情が前向きにならなければ、人は動かない**」ということだ。

もし、社員とのコミュニケーションがうまくいっていないのであれば、論理的に説明することばかりに気を取られていないかどうか、思い返してみてほしい。理路整然とした説明がもたらすのは「理解」である。ただ、理解だけでは、心ははずまない。感情は動かない。嫌な仕事であれば、なおさらである。「会社にとって必要だから」「社会の役に立つから」「成長につながるから」。そう言われれば、たしかに必要性は認識できよう。しかし、行動したいと思えるかどうかは別だ。

経営者は、感情を動かすコミュニケーションを意識するようにしたい。

❖コミュニケーションを円滑にする３Ｋ

社内でのコミュニケーションを良好にするために、事前準備をしておこう。必ずしも、経営者の属人的な能力だけに頼る必要はない。
できることは3つのKである。

① 環境整備

コミュニケーションを円滑にする環境には、「**職場環境**」と「**時間環境**」がある。

職場環境とは、整理・整頓や清潔、安全対策など、仕事をする上で必要な環境が整っているということだ。社員食堂や福利厚生なども環境のひとつである。

時間環境については、平日と休日、あるいは労働時間に留意したい。平日も休日もなく働き、残業が当たり前になっている職場では、円滑なコミュニケーションが行われるはずもない。常に疲れ切っている社員には、いくら熱をこめて伝えようとしてもムダである。

職場環境と時間環境を見直して、コミュニケーションの土台を整備しよう。

② カネ

カネとは、ズバリ給料である。経営者ばかりが私腹を肥やし、社員に十分な給料が支払われていない職場では、経営者の言葉も届かない。たとえ耳に入ったとしても、曲がって受け取られることだろう。根底にあるのは不信感と嫉妬である。**適正な評価を通じて、それに見合った給料を支払おう**。ボーナスは功績に応じて気持ちよく支払おう。その結果、コミュニケーションが良好になれば、より会社は元気になる。業績にも反映される。少なくとも、同業他社と比べて、大きく見劣るということがないようにしたい。

③ ココロ

「会社に行くのが楽しみで仕方がない」「仕事が面白くて、つい夢中になってしまう」。多くの社員がそのような感情を抱いていれば、その企業の将来はきっと明るいだろう。コミュニケーションに心が必要なように、**職場にも仕事にも心が必要なのである**。

たしかに、仕事に心を通わせるのは難しい。ただ、経営者はその難しいことに挑戦しなければならない。**まずは会社を楽しいところにする、仕事を面白いものにする工夫をすることだ**。不平不満に耳を傾け、改善していくだけでもいい。その姿勢を、社員は必ず見ているものだ。

以上の３Ｋを実践するにあたっては、次の言葉も意識しておきたい。「Keep it simple, stupid.」。頭文字をとって「ＫＩＳＳ」だ。意味は「バカもの、シンプルにしろ！」である。コミュニケーションを円滑にするには、組織内をシンプルにするといい。シンプルにできる項目は次の５つだ。

① スタッフ

会社には「つくる人」「売る人」「束ねる人」そして「助ける人」がいる。つくる人は現場の人間、売る人は営業パーソン、束ねる人は経営者や管理職、助ける人はそれらをサポートする人だ。この「助ける人」を不用意に増やしてしまうと、全体のバランスが悪くなりやすい。

「助ける人」が多すぎると「邪魔する人」になりかねない。

② 階層

無意味な階層が多いと、社内の風通しは悪くなる。組織は可能な限りフラットであることが望ましい。機能していない階層はないか。指示や伝達の妨げとなっている中間管理職はいないか。改めて確認してみることだ。

③ 統制範囲

ひとりの人間がマネジメントできる部下の数は、おおむね決まっている。そのため、あまりに統制範囲を広げすぎるのは危険だ。かといって、狭すぎるとコミュニケーションに支障をきたす。要はバランスの問題だ。現場を見て判断するようにしたい。

④ 役職

「部長付」「課長補佐」。こういった盲腸のような役職は、どのような権限があるのかわかりにくい。社内から見ても、社外から見ても不明瞭な役職はなくすべきだ。特別な事情があり、事業を遂行する上でどうしても必要な場合を除き、つくらないことだ。

⑤ 委員会

委員会の乱用も避けるべきだろう。会社として新しいことに取り組む場合、たとえばCSRの推進や企業文化の醸成に委員会を活用するのは良い。ただし、無闇に委員会をつくるようになれば、組織がうまく機能しなくなる。あらかじめ目的をハッキリさせてから数を絞って立ち上げるようにしたい。

❖人間関係づくりにおける究極の秘訣は「丁褒感微名《ていほうかんびめい》」

環境が整えば、あとは**積極的にコミュニケーションを行う**だけである。経営者から進んで行うようにしたい。いくらフランクな社長相手でも、やはり、社員は萎縮してしまうからだ。

ただ、どのように接すればいいのかわからない人もいるだろう。そこで、私が経営者時代に心がけていた「丁褒感微名《ていほうかんびめい》」を紹介する。

① 「丁《てい》」

コミュニケーションの基本は、丁寧に接すること。相手が部下だからといって、横柄に接する経営者は、社員から信頼を得られない。そもそも、相手によってコロコロと態度を変えるような人間は本物ではない。会社のトップであることを自覚し、人格者を目指そう。

②「褒《ほう》」

私がジョンソン・エンド・ジョンソンの社長を退任してから、早いもので20年以上が経過している。にもかかわらず、いまだに昔の社員から「お会いしたい」と連絡をもらうことがある。会って話していると、「私がまだ平社員だったころ、社長が廊下で私を激励してくれました。あのときの嬉しさは今でも忘れられません」と言ってくれる。**褒められた記憶は相手の心に残るのだ**。

特別なことでなくても構わない。「元気にあいさつしていた」「仕事が早かった」「ミスがなかった」など、ちょっとしたことでも褒める習慣をつけよう。経営者にとっては軽い一言かもしれないが、社員にとっては大きなモーティベーションになることがあるのだ。また、褒められて気分を害する人はいない。

③「感《かん》」

感謝の気持ちは、言葉にしないと伝わらない。こと日本には「阿吽《あうん》の呼吸」というものがある。「みなまで言うな」ということだ。しかし、経営者は、前向きな気持ちであればこそ、どんどん言葉に出すようにしたい。とくに感謝の言葉は、おろそかになりやすい。意識して言うことだ。

もっとも、心にもないことを口にするのはやめよう。口先だけで気持ちがこもっていないと、せっかくの感謝も逆効果だ。素直な気持ちをシンプルな言葉で伝える。それもくり返し。やはり大切なのは、普段の心がけなのである。

④「微《び》」

微とは微笑の微。スマイルだ。経営難や体調不良、あるいは二日酔いで表情が暗くなってしまう経営者がいるが、それでは社員を不安にさせるだけだ。ますます社員からコミュニケーションがとれなくなってしまう。

経営をしていると辛いこともある。嫌なことも多いだろう。しかし、経営者たるもの、表情に出してはいけない。**何があっても、常に笑顔でいるようにしよう**。無理にでも笑顔を出せば、やがて心もはずんでくる。自分を前向きに騙したい。

⑤「名《めい》」

コミュニケーションをするときには、積極的に名前を呼ぶようにしよう。「君」や「お前」などと言っていては、好感度が下がってしまう。一方、名前を呼ぶだけで心象が良くなるなら、これほどラクなことはない。

「**人間にとって、最も心地良い言葉は自分の名前である**」という実験結果もあるほどだ。とくに、上の立場の者が下の立場の者に対して名前を呼ぶと、その効果は絶大である。社員の名前を覚えるのも、経営者の仕事なのだ。

❖「叱る」と「褒める」のバランスを考える

経営者が、直接的に、上司と部下として社員に接する場合には、褒めるとともに「**叱ること**」も意識しておきたい。褒めてばかりでは、成長できない人もいるからだ。

褒めて伸ばすか、それとも叱って伸ばすかは、議論があるところだ。結論はない。強いて言うなら、「**人によって適切に分けるべき**」ということだろう。

つまり、相手によって叱るのか褒めるのかを、それぞれのバランスも考えつつ選択することである。それしかないのだ。安易に正解を求めてはいけない。

相対的な割合として、目安になるのは「**八褒め二叱り**」だろう。やはり、叱るよりも褒めたほうが、心象が良くなるのは当然だ。

太平洋戦争開戦時の連合艦隊司令長官として有名な山本五十六も、次のような言葉を残している。

「やってみせ、言って聞かせ、させてみて、褒めてやらねば人は動かじ」

ただ、まったく叱らないというのも問題だ。誰からも叱られることなく成長すると、自分で責任をとらなくなり、他者に責任をなすりつけるようになる。さらには、失敗や挫折に対して極端に弱い人財ができてしまうのだ。

だからこそ、**経営者は〝愛をもって〟叱る**ようにしよう。ポイントは感情的にならないこと。感情を相手にぶつけるのは、叱りではなく怒りである。

また、**人を叱るのではなく、モノやコトを叱るようにしたい**。「キミは間違っている」としてしまうと、人格を否定することにもなり兼ねない。「この書類にはこういうミスがある」というように、モノとコトにフォーカスして指摘しよう。

さらに、**結果ではなく、プロセスを叱ることも大事**だ。「今月は目標を達成できなかった！」ではなく、「目標を達成できなかったのは、訪問件数が少なかったからだ！」とする。するとと、ただ叱るのではなく、改善点が浮き彫りになる。次の結果につながるのだ。

いずれにしても、叱られていい気分になる人はいない。叱るほうも同様だろう。それでも、必要悪と認識して、２割ほどは叱らなければならない。

では、どうすれば後腐れなく、叱り・叱られることができるか。やはり、日頃の心がけである。普段から良好な人間関係が構築できてれば、ちょっと叱ったぐらいで仕事に影響をおよぼすことはないはずである。「お叱りごもっとも」という気持ちがわいてくるだろう。

❖会議の質を高めよう

社内のコミュニケーションにおいて、重要な役割を担っているのが「会議」だ。

ただ、最もムダが多いものとして、会議が槍玉にあげられることもある。それだけ、コミュニケーションの手段として、会議は扱いが難しいものなのだ。

そこで、会議の生産性を高めるために、私が以前から使用している「会議品質チェックシート」を紹介しよう。全10項目で構成されている。

①会議の目的は明確か？

会議の目的は、大きく「情報交換」「指示・伝達」「決定」の３つに分類できる。ただ、いざ会議に出席してみると、**目的がハッキリしていないことが多い**。ダメな会議の典型例だ。事前に会議の目的を明らかにし、伝えておくようにしたい。

②事前準備は行われているか？

会議の８割は準備で決まる。どのようなことが話し合われ、それに対して自分はどんな意見を述べようと思っているのか。会議がはじまる前にしっかりと準備しておけば、ムダな時間を使うことなく、着実に目的を果たすことができる。議論の質も高まる。

③資料や機器は準備されているか？

適切な資料が用意されていれば、聞き手も会議に参加しやすい。最低でも、時間の割り振りが記載された記事事項表（アジェンダ）とプレゼンテーション資料は用意しておきたい。遅れて参加した人でも、会議の内容を理解できるものであれば問題ない。

④ 出席者の数と質は適当か？

会議の参加者は多くても少なくてもダメだ。多すぎれば議論がまとまらないし、少なすぎれば意見が偏ってしまう。**5〜10人前後を目安にしたい**。また、人選はバラつきがないように配慮し、ときには新鮮な風も入れるように工夫しよう。

⑤ タイムマネジメントはできているか？

開始時間はもちろん、とくに**終了時間に注意したい**。結論が出ず、ずるずると時間だけが経過してしまう会議が多いからだ。しかも、それで仕事をしている気になっているのだから、困ったものだ。時間内に「情報交換」「指示・伝達」「決定」のいずれかが行われなければ、仕事をしていないのと同義である。

⑥遅刻者や退席者はいなかったか？

「ひとりが遅れたせいで、みんなの時間が無駄になる。おまえは時間泥棒だ！」。かつて、私がまだ新人社会人だったときに、当時の上司から言われたセリフだ。たった5分でも、10人が同じことをすれば50分である。また、会議の空気を大切にする風潮があれば、途中退席者は皆無なはずである。

⑦誰でも遠慮なく発言できるか？

何も発言しない人は、会議に参加していないのと一緒だ。あらかじめ議題が明らかになっていれば、いくつかの意見を持って参加するのが当然だからである。もし発言していない人がいるのなら、人選ミスか、発言できない空気感があるからだ。いずれも是正しなければならない。

⑧フォローアップがなされているか？

会議はやりっぱなしではいけない。**議事録をもとに、フォローアップがなされてはじめて、会議が終わったと言える。**議事録がつけられていないというのでは問題外だが、議事録を共有し、フォローアップできていないのも問題である。参加者全員が、フォローアップを意識したい。

⑨ 事後評価が行われているか？

事前に定めた目的、会議の雰囲気、議事録の共有。そういった要素をチェックし、事後評価できているか。できていなければ、問題点があると理解していても、そのままに放置することになる。事後評価によって、会議の質は高められる。

⑩ この会議は本当に必要だったか？

最後に、本当にこの会議は必要だったかどうか、考えてみよう。会議を行うことが仕事ではない。「情報交換」「指示・伝達」「決定」をすることが仕事なのだ。他のより良い方法があるのなら、会議は必要なかったとも言える。その場合、次回から別の方法に切り替えよう。あくまでも、**会議は目的ではなく、手段である。**

❖あいさつが社内を活性化させる

「社内に活気をもたらす」という意味においては、「**あいさつ**」も重要だ。基本的なことだからと侮るなかれ。基本こそ、原理原則につながるのだ。

よい社員か悪い社員か、あるいは、元気のある生きた会社か士気のない死んだ会社かは、あいさつができているかどうかを見ればわかる。これは職場に限ったことではない。

たとえば、学校では「あいさつをしなさい」と言われなかっただろうか。これは、コミュニケーションを円滑にし、和を保つために必要なことだから指導しているのである。

そもそもあいさつは、人と人が出会って最初にするものだ。人間関係のはじまりと言っていい。相手を認め、「**あなたの存在に気づいていますよ。存在を認識していますよ**」ということをポーズとして見せるためのものである。

経営者が社員の存在を認めなければどうなるか。社員自ら「自分なんかいてもいなくても変わらない」と思ってしまえば、仕事に熱が入るわけがない。それどころか、「少しでもラクをしよう」とか、「どうやったらサボれるだろうか」と考えるに違いない。

そしてゆくゆくは、反旗をひるがえすのだ。

そのような危険を未然に防ぐために、あいさつを徹底しよう。経営者が率先して行えば、あいさつを返してこない人はいないはずだ。その場で指導してもいいだろう。

あいさつの基本はＶＳＥである。

Ｖ（voice）＝大きめでハリのある声
Ｓ（smile）＝微笑み
Ｅ（eye）＝アイ・コンタクト

習慣がないうちは、大きな声であいさつするのをためらう人もいるだろう。経営者から手本を見せるようにしたい。微笑みも大事だ。また、振り向かないであいさつするという無礼にも気をつけよう。

あいさつはコミュニケーションの第一歩だ。社員を認め、その働きに感謝する気持ちがあるのなら、**経営者がまずは率先して行おう**。

❖経営者は〝大利口〟を目指せ

コミュニケーションの延長として、経営者の周囲に配置するべき人員についても言及しておきたい。

人間には「利口」と「馬鹿」がいる。

馬鹿な経営者についていく人はいない。最初のうちはお金でついてくるかもしれないが、そのうちに離れていくだろう。厳しいかもしれないが、経営者は馬鹿では務まらないのだ。

では、利口と馬鹿はどう区別されるのか。

利口とは、自分の強みが何であるかを知り、苦手なことを理解している人のこと。つまり、自分を客観視できている人のことだ。

一方で馬鹿とは、自分の強みも弱みも把握しておらず、周囲からどのように見られているのかを知ろうともしない人のことだ。

ナポレオンが座右の書にしていたことで有名な『孫子の兵法』にも、次のような言葉が書いてある。

「彼を知り己を知れば百戦あやうからず」

団体を率いて勝ち残る指導者というのは、常に、自分のことを知っていなければならないのだ。そしてもちろん、相手のことも。

さて、優れた経営者を目標にするのであれば、さらに上を目指してもらいたい。ただの利口ではなく「大利口」だ。

大利口とは何か。**自分の強みと弱みを知った上で、強みを生かし、弱みを補ってくれる人財を周囲に配置する人のことだ**。それが強力なチームづくりには欠かせない。

ふとすると、経営者はつい図に乗ってしまいがちである。「一国一城の主」と言われ、もてはやされ、やがては「お山の大将われひとり」と思い上がってしまう。危険なことだ。

だからこそ、**自分の強みを生かし、弱みを補ってくれる人、さらには苦言を呈する人を周囲に置いておきたい**。

ホンダの本田宗一郎氏における藤沢武夫氏。ソニーの盛田昭夫氏に対する井深大氏。そのようなコンビが組めれば理想的だ。

やはり、**社内には右腕、社外にはメンターが必要**なのである。

❖退職者・退職希望者とも丁寧にコミュニケートする

社内で良好なコミュニケーションが行われていないと、社員が辞めてしまう恐れがある。それでなくても、近年の新入社員の離職率は高い。

かつて、離職率の傾向は「七五三現象」と言われていた。就職して3年以内に中卒の約7割、高卒の約5割、大卒の約3割が辞めていたのだ。現在では改善されているようだが、それでも、離職率が高いことに変わりはない。

もっとも、社員が退職することが、必ずしも悪いこととは言えない。たとえば、社内で能力を発揮する分野がなくなってしまった社員の退職や、女性の寿退社、あるいは独立、起業、前向きな転職など、退職によって会社か社員が前進できるのなら、歓迎すべき場合もあるだろう。

ただ、社内のリソースを持って競合他社に移ってしまったり、数人の部下とともに新会社を設立するなど、最悪の退社もある。その場合、経営者は真摯に反省しなければならない。

そもそも、**社員が退社してしまうのは、ある意味、経営者にとっての敗北である**。事情はどうあれ、自社にとどまるよりも魅力的な何かが他社にあったということだからだ。競合他社への転職などもってのほかである。負けを認め、悪いところを改善するようにしたい。退職希望者としっかり話す。なぜ辞めたいのか、素直に聴く。それもまた、コミュニケーションである。もしかしたら、引き止めることができるかもしれない。あるいは、改善の糸口をつかめることもあるだろう。

もし、こちらから辞めてもらいたいとお願いする場合は、「鬼手仏心《きしゅぶっしん》」で臨もう。経営者としては、会社のために英断しなければならないので鬼手。社員に対しては、家族も含めて迷惑をかけるので仏心。また、相手の人格を傷つけてしまわないように、細心の注意を払いたい。経営者ができる配慮といえば、やはりお金である。早期退職ということを加味して、退職金の積み増しを検討するのは当然のことだ。必要に応じて、再就職支援会社の利用も促すべきだろう。

退職者とも、退職希望者とも丁寧にコミュニケートする。それが優れた経営者というものだ。

❖社員に対するアカウンタビリティ（説明責任）

最後に、社員に対する**アカウンタビリティ（説明責任）**について紹介しよう。これができていないと、社員から「うちの社長には一貫性がない」「思いつきで経営をされてはかなわない」などと言われかねない。

たしかに、指示が目まぐるしく変わるようでは、何をすればいいのかがわからなくなってしまう。あげくの果てには、「どうせまた指示が変わるのだから、手を抜いてもいいや」となってしまうだろう。

そこでアカウンタビリティが大事になる。実際、変化の激しい現代においては、朝令暮改をしなければならないこともあるだろう。そのときに、なぜ変えるのか、その理由を明確に示す必要があるのだ。

言葉が足りない、伝え方が弱いというのでは、社員が安心してついていけないのである。

自分の伝え方に不安があるという方は、次の3点を意識してほしい。

① 相手と波長を合わせる

ソニーの創業者である盛田昭夫氏は、あるセミナーで、次のように述べていた。

コミュニケーションで一番大切なポイントは「**相手と波長を合わせること**である」と。

波長を合わせるというのはつまり、相手に合わせて言葉を変えること。より伝わる、より理解できる言葉や言い回しを選択する、ということだ。

経営がわからない新人に戦略の話をしても通じない。また、一般的な聴衆に専門的な用語や横文字を連呼しても首を傾げられるだけだろう。

わかる言葉を使い、聞き取れる速さで話す。それだけでも伝わる度合いは大きく変わる。

② 情熱を込めて話す

講演やスピーチで原稿を読むべきでない理由は「感情がこもらないから」とされている。感情がこもっていなければ、人の心を打つことはできない。

だからこそ、**伝えるときには情熱を込めよう**。情熱的に話すことによって、社員もまた、心を打たれる可能性がある。理解しがたいと思われることでも、心から説得すれば納得してもらえるかもしれない。

人は論理ではなく、感情で動く動物だ。たとえ論理で納得してもらえなくても、感情に訴えかければ、動いてもらえることもある。

③ くり返し伝える

重要なメッセージこそ、何度もくり返して伝えるべきだ。自分の言ったことが相手に十分に伝わるためには16回くり返さねばならないという調査結果もある。

経営者の思想や目指している方向性などは、一度や二度で伝わるものではない。とくに、末端の社員ともなればなおさらだ。

だからくり返す。言い方を変え、表現を変え、伝えるシーンを変えて。くり返し伝えることによって、社内に自然と浸透していく。

POINT

人は論理ではなく、感情によって動く。社内のコミュニケーション円滑化が仕事をスムーズに運ぶ。

3 社外のコミュニケーションの秘訣

❖社外におけるコミュニケーションのあり方

前項では、社内におけるコミュニケーションについて紹介した。経営者たるもの、社内をまとめることができなければはじまらない。

また、社外とのコミュニケーションも、社内と同じように重要である。ただ、コミュニケーションと一口に言っても、その種類は幅広い。たとえば、次に挙げるものはすべて社外とのコミュニケーションと言える。

・取引先との交渉
・顧客との対話
・コンサルタントとの折衝
・銀行とのやりとり
・社外への情報公開

他にもたくさんあると思うが、代表的なものはこれぐらいだ。これらはすべて、社外とのコミュニケーションと言える。以下、ひとつずつ説明していこう。

❖取引先との交渉は「ウィン・ウィン」が基本

「いかに自社にとって有利な契約を結べるか」、そのために交渉をするのだと思っている人がいる。しかし、これは大きな間違いだ。

交渉は、あくまでも「**ウィン・ウィン**」であるべきだ。つまり、「**自分と相手の利益が合**

致できそうな点を洗い出し、合意点を積み重ねていく」こと。これが、交渉の本質である。

私がかつて経営者を務めていた消費財メーカー、サラ・リー社のあるマネジャーの部屋に掲げてあった次の言葉がある。

「win-win or no deal（両方が勝つか、交渉をやめるかだ）」

交渉を一言で言い表すと、そのようになるだろう。いくら自分たちにとって良い条件だったとしても、相手にとって悪い条件では、交渉が成立しないのは当然なのだ。

できることなら、「交渉相手」ではなく、「**交渉パートナー**」と思うようにしたい。すると、自分たちが良い条件を獲得することが目的ではなく、相手と良好なパートナー関係を築くことが目的になる。**共同作業という認識が生まれれば、お互いに譲歩できず、ただ決裂して終わるということもなくなるだろう**。

交渉の全体像を把握するために、流れを確認しておこう。

① 事前準備

事前準備としてやるべきことは3つある。ひとつは、交渉の「**目的**」を決めることだ。交渉によって何を得たいのか、どこがゴールとなるのかを把握する。交渉をすること自体は目的ではなく、手段でしかない。明確な目的を定めておくことによって、交渉で何をするべきかが見えてくる。

もうひとつは、交渉の「**目標**」を決めることである。目的を達成するために何を目指すべきか、どこまでは譲歩してもいいのかを考えておく。そうすることで、一定のラインまでは戦略的に譲歩することができる。相手の要望を加味しつつ、交渉を前へと進めていけるのだ。最初から、平行線をたどるということがなくなる。

さらに、相手がどのようなことを求めているか、求めてきそうかの**仮説**を立てておくといい。本当のところは交渉してみないとわからないが、あらかじめ妥協点を探っておけば、余裕をもって提案できる。交渉がスタートしてからバタバタと慌てる必要がなくなる。相手が大手企業であれば、会社案内や四季報、有価証券報告書などで情報が得られる。もちろん、雑誌、書籍、新聞、インターネットなども有力な情報収集ツールとなる。

②　交渉開始

交渉時には、「**条件の提示**」「**条件交渉**」「**譲歩**」をやらなければならない。

条件の提示とは、相手にこちらの条件を提示して、内容をすり合わせることだ。もちろん、相手方にも条件はあるので、どの部分は譲れるか、あるいはどの部分は譲れないかを、あらかじめ明確にしておこう。内容については、そう考えるに至った背景も加えて、丁寧に説明したい。

条件交渉では、お互いが提示した内容を吟味する。妥協点がどの辺りになるかを、それぞれの条件に照らし合わせて検討していく。相手がどうしても押し通したい条件がありそうなら、その部分を見つけよう。条件を通してあげることで、こちらの意向も主張しやすくなる。

最後は譲歩だ。交渉はあくまでも「ウィン・ウィン」であることを忘れてはいけない。自社にとって大きなマイナスとならないかぎり、前向きな譲歩を検討したい。これから先もつき合っていけるメリットを考えれば、譲るべきこともあるだろう。近視眼的ではなく、中長期的な視点を持ちたい。

③ 交渉成立

お互いに納得できる結論が得られたら、交渉成立だ。交渉段階でどんなにもめていたとしても、**最終的には合意できたことを喜び合おう**。未来志向で、両社の将来を考えるようなつき合いにしたい。合意した内容は確認し、記録に残しておく。

④ 実行

交渉で合意した内容については、社内に持ち帰って報告し、実行しよう。開始時期など、期限の定めがある交渉もあるだろうが、**なるべく早く共有することが大事**である。とくに、実行するのが現場社員であるのならなおさらだ。交渉は、合意ではなく、実行によって終了するのだ。

どうしても交渉が苦手という方には、適切なツールの使用をお勧めしたい。言葉だけで説得するよりも、わかりやすい資料を使ったほうが、より説得力が上がる。交渉時に緊張してしまうという方は、事前準備ができるツールに力を入れるべきだろう。

ツールの作成にあたっては、次の点を意識しておきたい。

- 強い印象を与えられるか？
- ビジュアル化して視認性を高めているか？
- 短時間で理解してもらえる内容か？

- 余分なデータは入っていないか？
- 数値はグラフ化しているか？
- 必要に応じて図説を使っているか？
- 箇条書きやアンダーラインで強調しているか？

あとは、誠意、熱意、創意工夫によって、真摯に交渉するだけだ。

❖顧客とのコミュニケーションは企業の生命線

企業活動において重要とされているマーケティングは、具体的には「**顧客が求める商品やサービスをつくり、情報を届け、効果的に活用してもらう活動**」とされている。

これはまさに、**顧客との対話**に他ならない。顧客の声を集め、商品やサービスを開発し、広告によって集客し、営業でメリットを説明して、活用してもらう。**マーケティングの一連の流れ、そのすべてがコミュニケーションである**。

とくに、物があふれている現代においては、良い商品・安いサービスをただ提供するだけでは購入されない。こちらからより効果的に働きかけなければ、お客様は見向きもしてくれないのだ。

なかでも重要なのが、「**お客様の声**」である。何を求め、どのような願望を持ち、どのような悩みを解決したいと思っているのか。徹底的に聴かなければならない。**社員と同様に、顧客との対話も聴くことからはじめたい**。

ただ、注意してもらいたいのが、「お客様の声を聴くこと」と「何でも従うこと」は別ものである、ということだ。お客様の言うことに何でも従っていては、会社は本来の姿を失ってしまう。理念・目標・戦略を実現できない。

では、従ってはいけないことはなにか。それは次の3つだ。

①できないこと

取扱商品に対し、通常の納期が1週間で100個だった場合。努力すれば、1週間で150個を納品することはできるかもしれない。しかし、どんなにがんばっても、1週間で1000個納品するのは無理だろう。お客様から要望されても、できないものはできないのだ。事情を説明し、ご理解いただけるよう最善を尽くすしかない。ときには毅然とした態度で接することも必要だろう。

② 儲からないこと

経営の最終的な結果は利益だ。それがすべてではないが、利益を無視して活動し続けることはできない。存在意義もなくなってしまう。ただ、お客様の中には、そういった企業の本質を無視して、無理な要求を突きつけてくるところもあるのだ。不用意に値下げしてしまえば、価格競争に巻き込まれてしまう場合もある。体力がなければ、薄利多売で勝ち残るのは難しいだろう。

③ 倫理的に間違ったこと

法律に触れてしまうのはもってのほかだ。経営どころではない。ただ、なかには「法律にさえ触れなければ何をやってもいい」と考えている人もいるようだ。とくに、お客様のためと考えて行っているのなら、質《たち》が悪い。**経営者は強い倫理観を持っていなければならない**。道徳的に間違ったことに対してノーと言える人でなければ、継続的に企業を繁栄させることはできないのだ。

そうは言っても、お客様の声が宝であることはたしかだ。プラスの意見は正しさを証明してくれるし、マイナスの意見は改善のヒントになる。

とくに、**不満を言ってくれるお客様は大切にしなければならない**。ある調査によると、商品やサービスに不満がある人のうち、文句を言わない人は言う人の3倍にもなるそうだ。

つまり、商品やサービスに不満を持っているほとんどのお客様は、何も言わずに去ってしまう。だからこそ、文句を言ってくれるお客様の意見をしっかりと耳を傾け、企業活動に反映させるべきなのだ。

最も取り扱いが難しいお客様の声は「クレーム」だろう。会社の信用を築くには20年かかると言われているが、信用は一晩で失う。ひとたびクレームの取り扱いを間違ってしまったら、それだけで、20年の努力が水泡に帰してしまうかもしれないのだ。

それだけに、**クレーム対応には万全を期しておきたい**。ポイントは次の5つだ。

① 速やかに対応する

クレーム対応は初動が大事だ。信頼を回復するために、できるだけ早く改善案に着手しよう。たとえ十分な対応ができないとしても、まずは誠意を見せることが求められる。必要に応じて、顧客のもとに出向くのであれば、24時間以内が望ましい。

② 言い訳をしない

クレームを言う顧客は、必ずしも正当な理由を知りたがっているとはかぎらない。何らかの形で期待を裏切られ、幻滅しているだけかもしれない。そうしたときに、正当な理由を述べても、顧客は聞く耳を持たないだろう。**まずは聴くことから。そして、誠実な謝罪**である。

③ なるべく上位の人が対応する

「クレームを〝処理〟しよう」と考えていると、担当の部署を用意して、マニュアルをつくり、適切に対応させようとするかもしれない。しかし、**クレームは処理するべきものではない。コミュニケーションの一環だ**。できることなら経営者が、でなければ責任者が担当するようにしたい。

④ 改善策を提示し、実行する

クレームの内容を聴いて、謝罪して、それで終わってしまっては、お客様の怒りはおさまらない。むしろ「人の話をちゃんと聞いているのか！」となってしまう。**改善策を提示し、実行に移すことが大事だ**。会社としても、誠実な批判は参考になるところが多いだろう。

⑤ 事後評価を行う

改善策を提示し、実行に移したら、さらに**事後評価**をしよう。さらなる改善が必要であれば、手を加えるようにしたい。また、その後どうなったかについて、お客様に報告することも大事だろう。そうすれば、クレーム客がファンになってくれることもある。

企業はお客様とともに成長していく。経営者も同様だ。お客様との良好なコミュニケーションによって、会社と自分を進化させていこう。

❖コンサルタントを活かすも殺すも経営者次第

企業を発展させるのは経営者の仕事である。「何をいまさら」と思われるかもしれない。しかし、次のように考えたことはないだろうか。「コンサルタントは役に立たない。なぜなら、彼らの言うとおりにしても業績が上がらないからだ」と。

そこで冒頭の言葉だ。**企業を発展させるのは経営者の仕事である。コンサルタントの仕事ではない**。そもそもコンサルタントの仕事とは、情報収集を行い、分析・解析をし、論理を組み立てて、リコメンデーション（推薦）することだ。

つまり、**結果責任はコンサルタントにあるのではなく、あくまでも経営者にあるの**だ。

「コンサルタントは役に立たない」と思っている経営者は、ぜひ、コンサルタントとのコミュニケーションを見直してもらいたい。

コンサルタントを起用しても結果が出ない理由は、次の２つだ。

①経営者が実行しない
②経営者が実行できない

①の「経営者が実行しない」とは、どんなに立派な案を提示されても、経営者がその内容をしっかりと把握し、実行に移さなければ成果は上がらないということだ。これは、経営者がコンサルタントを使っているのではなく、**コンサルタントが経営者を使っている**という状態の典型例だ。経営をするのは、経営者の仕事である。

②の「経営者が実行できない」とは、**企業にそれだけの能力がない場合**である。提示された内容を理解し、実行すると成果が上がるであろうことはイメージできるのだが、社内に実行するだけのヒトがいない、モノがない、カネがない。あるいは経営者にスキルが足りない。

このような状況に陥らないためにも、コンサルタントとのコミュニケーションは次の3点を意識して行おう。

① 事前に依頼内容をハッキリさせる

「どうすればいいでしょうか?」と、コンサルタントに聞く経営者がいる。本末転倒だ。経営者は「どうすればいいか?」ではなく、**会社を「どうしたいか?」**だ。経営者自身がビジョンを持ち、仮説を構築し、どうしたいのかをイメージする。**具体的に改善したいこと、叶えたいことを明らかにする。**その上で、依頼内容をハッキリさせておけば、適切な解決策を得られるというものだ。

② 最適なコンサルタントを選ぶ

コンサルタントもさまざまである。特定の専門分野に強みを持っている人もいれば、性格や特徴もそれぞれ異なるだろう。経営者との相性もあるかもしれない。それらを総合的に判断して、最適なコンサルタントを選ぶようにしたい。ましてや「有名なコンサルタント(コンサルティング会社)だから」と安易に任せてしまうのは危険だ。結果責任は経営者のものである。**任命責任もまたしかり**、である。

③ 社員を参加させる

経営者がコンサルタントの言いなりになってしまうのを防ぐには、社員を参加させるといい。事前調査からリコメンデーションの提出まで、社員にも加わってもらうことにより、現場も交えた改善計画が組めるようになる。なにより議論が活発になる。当然、社員の勉強にもなるだろう。**当事者意識が生まれれば、改善の機運は現場から高まっていく。**

❖銀行とのコミュニケーションは「いざ」というとき役立つ

企業が大きく成長していくためには、銀行と上手につきあっていく必要がある。ある中小企業経営者につきあっている銀行についてたずねたところ、なんと7つの銀行と取引しているという人がいた。さすがに7つは多すぎる。大事なのは数ではなく、つきあい方だ。経営者にとって銀行は「晴れた日に傘を貸し、雨が降ったら取り上げる存在」という印象があるかもしれない。ただ、それもいかにつきあうかによって変わってくると思う。銀行もまたビジネスとして資金を融資しているのだ。取引先と同様、ウィン・ウィンの関係でつきあっていきたい。

また、担当の銀行員もやはり人なのだ。これまで述べてきたコミュニケーションのテクニックが活用できるシーンも多いだろう。それによって、より好条件で契約できればそれに越したことはない。資金繰りが命の会社経営において、銀行とのやりとりを優位に行なえるのは、相当な強みになるだろう。

銀行とのつきあいにおいて、大事なことは次の4つだ。

① メインバンクを絞る

銀行は数ではないと言ったが、メインバンクは2行か3行に絞っておきたい。あまりに八方美人であると信用度が落ちる可能性がある。一行一行と深くつきあっていくためには、数を絞り込むことを意識しよう。必要に応じて、増やしたり、減らすといった工夫もしておきたい。

② 情報伝達を欠かさない

自社の現状について、担当者およびその上司に対し、常に情報伝達を欠かさないようにしよう。どのような課題があり、どのような戦略で経営し、どこに向かっているのか。適切に情報を開示しておくと、相手も安心して取引ができる。反対に、隠していると不信感が募る。信頼がない相手に対して、融資したいと思う人はいないだろう。

③ 良好な人間関係を保つ

銀行とのつきあいにおいても、やはり良好な人間関係は欠かせない。最低でも、担当者と内外で交友関係を維持するぐらいの努力はするべきだろう。窓口となる人と人間関係ができていれば、担当者が変わっても、適切な引き継ぎが行われることが期待できる。

④ ときには経営上のアドバイスを求める

銀行は数多くの企業と相対している。経営についての知識も豊富だろう。加えて、アドバイスを求められれば、誰しも気分が良くなるものだ。一緒になってビジネスを前進させるという気持ちがあれば、助言を求めることも、助言を与えることも、自然とできるはずである。

❖業績向上のためにも社外への情報公開を積極的に行う

最後に、社外への情報公開についても触れておこう。具体的には、数字の公開についてだ。社外に数字を公開することを極端に嫌う経営者がいる。しかし、数字を公開しないのは、ダメな経営者の典型例だ。公開しないということは、社外とコミュニケーションをとりたくないと言っているようなものである。

そもそも、**情報開示は信用を得るための第一歩**となる。自社の現状を知ってもらい、その上で何を目指すのかを理解してもらう。そうすることで、より身近に感じていただくのだ。情報はこちらから提示しなければならない。

もし、社員に対しても情報を出し惜しみしているのなら、もってのほかだ。経営者の責務は、理念・目標・戦略を策定し、従業員とともに共有しつつ、実行して結果を出すことである。その前提となる**情報開示が社内で徹底できていなければ、社員の心は離れていく**。

また、積極的に会社の数字を公開することで、社員の士気も高まる。自分たちが何をやるべきなのかがわかり、モーティベーションも高まる。当事者意欲も生まれるだろう。そのようにして、コミットメントしてもらうことが大事だ。

ある意味においては、取引先、顧客、コンサルタント、銀行、その他のステークホルダーにもコミットメントしてもらう。そのようにして、一丸となって会社を成長させていく。そのような気概が経営者には必要だろう。「**巻き込んでいく力**」とでも言おうか。

この際、上場か非上場かは関係ない。社員も、その他のステークホルダーも、会社の正確な情報が必要だ。そして、数字を公開するかどうかは社長の手腕にかかっている。

少なくとも、「業績を上げる自信がない」「恥ずかしくて業績を公開できない」、などということがないようにしたいものだ。

POINT

社外とのコミュニケーションは多岐にわたるが、現場任せにせず、経営者自身が積極的に行うことが重要。

本章のまとめ

- 経営者は、グレート・コミュニケーター〈偉大な伝達者〉であるべき
- 経営者は、コミュニケーション力で部下のヤル気を高める
- 経営者は、進んで社員とコミュニケーションをとるようにする
- 経営者は、「叱る」と「褒める」を適切に使い分ける
- 経営者は、自分の弱みを補ってくれる人を周囲に配置する
- ビジネス交渉では、相手と「ウィン・ウィン」の関係構築を目指す
- 経営者は、顧客に「従う」のではなく、声を「聴く」

第7章

経営者は失敗から学べ

失敗とは、もっと賢明な方法でやり直すチャンスである。

ヘンリー・フォード（フォード・モーター創業者）

1

将来の成功を妨げる最大の敵は過去の成功

❖いままでと同じことをやっても成功するとは限らない

第5章で、**「日本の経営者は改革が苦手である」**と述べた。とくに、アメリカの経営者と比べると、明らかに不得意だと言える。改革はイノベーション、あるいは大幅な戦略転換と言い換えてもいい。

なぜ苦手なのか。次のような言葉がある。

「将来の成功を妨げる最大の敵は、過去の成功である」

こういう製品をつくってきた、こういうサービスをお客様に提供してきた。それでうちは伸びてきた、成功してきた。だから、これからも同じように経営を続けていく。根底にあるのは、そのような発想だ。

しかし、経営環境は目まぐるしく変わっている。多様化が進んでいる。IT化、グローバル化、スピーディな変化が起きている。

いままでと同じことを続けていたら、いままでと同じか、あるいは悪い結果しか得られない。さらには世の中の動きに取り残されてしまう。待っているのは敗残者という末路だ。

将来の成功を妨げる最大の敵は、過去の成功である。

❖「成功の復讐」を防ぐには日々の改善しかない

英語に「**リベンジ・オブ・サクセス**（revenge of success）」という表現がある。和訳すると「**成功の復讐**」だ。

成功することはすばらしい。多くの経営者が成功を目指していることだろう。しかし、ひとたび成功した途端、「これでいいんだ」と思ってしまう。変化を避けるようになる。

そのときから成功の復讐ははじまるのだ。新しい挑戦者が出てくる。周りは変わっていく。やがて変化に追いつけず、取り残されて負けてしまう。

では、どうすれば成功の復讐にやられないですむか。それには、**日々の改善を続ける**ことしかない。

いきなり、大きな改革を断行するのは難しいだろう。かといって、イノベーションを簡単に起こせるはずもない。大きく変えれば社内が混乱する。

だからこそ、**小さく改善し続けて、改革の芽を育てる**のだ。そうすると、大きな改革をするべきときに、思い切って決断できるようになる。前例を打破して、新しいものをつくる企業文化が生まれる。

もし、成功のワナにはまり、改革を断行できなければどうなるか。かつて日本を代表していた大手企業に、近年残念なニュースが相次いでいる。それが、改革できない会社の未来だ。


成功の復讐は、決して他人ごとではないのだ。

❖経営者は「積極的不満」を心に持ち続けよ

経営者は、安易に状況を楽観視してはいけない。また、現状維持を続けることも許されない。勝ち残る企業をつくるという使命がある以上、常に成功とさらなる成功を求められる。優れた経営者は、心的姿勢として、次の2つを持っている。

> ① **積極的不満（Positive Discontent）**
> ② **慎重な楽観主義（Cautious Optimism）**

たとえ成功したとしても、常に**積極的な不満**を持ち続ける。どんなに困難な状況も、**慎重な楽観主義**で乗り越える。それが会社を前に進める原動力となるのだ。

経営者が暗い顔をしていると、会社も元気にならない。社員の顔色も暗くなってしまうだろう。一方で、有頂天になっていれば社員にバカにされるだけだ。甘え、過信、慢心はすぐに見抜かれる。

だからこそ、経営者は大変だ。眠れない夜を過ごすこともあるだろう。うなされて、夜中に飛び起きてしまうこともあるかもしれない。

しかし、そうした状況から逃げることは許されない。どんなに高い壁があっても、「絶対に無理」を「**どうすれば越えられるか**」へと転換させるのが経営者だからだ。

そのときに役に立つのが「**自分の経験**」と「**先人の知恵**」である。

❖失敗を奨励する企業文化をつくれ

経営者だけでなく、社内に、過去の成功にすがる空気が蔓延してしまったらどうすべきか。それには、**新しいチャレンジを、あるいは挑戦した結果の失敗を奨励する文化**をつくればいい。

ある経営者は次のように言っている。

「私は、部下が前向きに挑戦した結果の失敗については、何も言いません。ただし、後ろ向きな行動の結果生まれた損失については、たとえ1円であっても厳しく追求します」

前向きな挑戦とは、新しいことへのチャレンジだ。後ろ向きな行動とは、過去の成功をただ踏襲しただけの業務だ。罰するべきは、チャレンジではなく、失敗でもなく、社員の怠慢なのだ。

ぜひ御社でも、アメリカ式に「**失敗した者は、失敗を経験して学んだ者**」という認識を広めてほしい。そして、挑戦しない者は、失敗する勇気がないか、あるいは挑戦する能力がないのだ、と。そうなれば、会社は変わる。

イノベーションは、一人の突拍子もないアイデアと前向きなチャレンジ精神から生まれる。**社内に失敗を奨励する風を吹かせよう。**

POINT

過去の成功からイノベーションは生まれない。失敗を奨励し積極的にチャレンジできる環境をつくろう。

2

「大過なく」「平穏無事」こそが最も忌むべきもの

❖大過ない人は大功もない

ある人がいて、23歳で会社に入った。それから60歳まで無事に勤め上げた。そして定年退職の日。昔の仲間が集って、慰労会・送別会を開催してくれた。彼は最後のあいさつで次のように述べた。

「おかげさまで、37年間、大過なく勤め上げることができました」

よくあるシーンだ。

だが、経営者の立場からすると、「大過なく」ということを看過してはいけない。なぜなら、大過なしとは、大功もないということだ。厳しい言い方をすると、「ろくな仕事をしていませんでした」と言っているのと同じだからだ。

何かに挑戦して、失敗して、失敗から学ばない人は絶対に伸びない。このサラリーマンは、自ら「ぬるま湯に浸かっていたビジネス人生でした」と暴露しているようなものである。

経営者も同様だ。**失敗を経験し、学び、乗り越え、さらにチャレンジしていく**。そのくり返しが経営者をどこまでも強くする。

反対に、失敗を恐れる経営者は過去の成功にすがり、挑戦をしなくなり、保守的になり、変化に対応できずに会社をつぶす。

少なくとも、社長を辞するときに「大過なく」などと言うようでは、話にならない。

❖5回成功するために4回の失敗をせよ

私は過去、二度の降格と、一度の解雇を経験している。

降格は、最初が大学を卒業して入社したシェル石油（現・昭和シェル石油）で、次が転職して入った日本コカ・コーラでのことだ。

シェル石油のときは課長から平社員に落とされ、日本コカ・コーラのときは本社の部長から大阪支店の次長に落とされた。東京から大阪というよりも、部長から次長というのが大きい。明らかな降格人事だ。

解雇とは、ある米国系の企業で日本社長をしていたときのことである。シカゴ本社と意見が対立し、取締役会で私は机をガンガン叩きながら、次のように述べた。

「あなたがたの言っていることは、日本では通用しない。自分が日本の社長をやっている間は、そういった考え方を受け入れることはできない」

文字どおり、机を叩いて怒鳴った。その結果、３カ月後にクビになった。

最初に入った会社から、転職先、さらには経営者になってからも、大きな失敗を経験している。しかし、後悔はしていない。

くり返しになるが、失敗しない人は成功もしないのだ。ユニクロの柳井さんは『１勝９敗』という本を書いているが、さすがにそれはしんどいので、５勝４敗ぐらいは狙いたいと思う。

いずれにしても、**勝つためには失敗が必要**なのだ。5勝のために4敗があるのではない。4敗がなければ、5勝もなかったということだ。

たとえ失敗しても、立ち直って、また挑戦すればいいだけの話である。

❖挫折しても笑顔でひたむきに努力すること

二度の降格と、一度の解雇において、私はいずれも挫折から立ち直ることができた。しかも、3回とも半年以内に立ち直った。しかも元のレベルか、あるいはそれ以上の水準で、である。

課長から平社員、また、部長から次長に降格したときは、いずれも降格する前よりも元気に前向きに仕事をした。できていたかどうかはわからないが、少なくともそのように努めてきた。

すると、世の中にはちゃんと見ていてくれる人がいるもので、「新は降格されたようだが、何やらがんばっているようだ。またチャンスを与えよう」となり、前よりも高いポジションに就くことができたのだ。

経営者をクビになったときは、メンターに相談したり、ヘッドハンターにコンタクトをとるなどの種まきをした。すると、半年以内に2～3つの会社から「社長をやらないか？」とのオファーをいただけたのだ。

いずれにしても、大切なのは「**挫折したとき**」である。**芝居でもいいから、笑顔でひたむきに努力し続けることである**。自分のことを正当に評価してくれる人がいると信じ、腐らず前向きに仕事をすることだ。すると、必ず前よりも高い水準に自分をもっていくことができる。

私は3回も経験しているので、自信を持ってそう断言できる。

❖失敗を重ねてこそ経営者は成功する

こと経営者として、あるいはビジネスパーソンとして、**最も忌むべきなのは「平穏無事」**ということだ。

痛みを経験せず、ただ現在のポジションにしがみついているだけ。そこには失敗がない代わりに成功も成長もない。

これが経営者だったらどうなるか。会社が成長しない、社員は育たない、売上は上がらない、給料も上がらない……。展望がまったく見えなくなる。

どうしても失敗が怖いという人は、「失敗（failure）」という言葉を使うのをやめてみてはいかがだろうか。代わりに「挫折（setback）」と言うようにするのだ。

どれほど辛いことがあっても「**これは失敗ではなく、挫折である。だから必ずリカバリーできる**」と思うようにするのだ。心のチャンネルを切り替えれば、打開の道も開けてこよう。**挫折を乗り越えると、前よりもずっと強くなれる。失敗を経験すると、数多くの学びが得られる。それが経営者自身も、そして会社も成長させる。**

止まない雨はない。そして、雨降って地固まる、だ。

POINT

失敗を経なければ成功はない。
失敗を重ねることで過去の自分よりもさらに大きく成長できる。

3 失敗からリカバリーするための4つの方法

❖失敗して得られるものこそが成長のチャンス

失敗や挫折を恐れている人は、それによって「何かが失われてしまう」と誤解しているのかもしれない。しかし、それは間違いだ。**失敗は、適切なリカバリーによって、大きなプラスとなる。**

私はかつて3回の挫折を経験し、そのたびに適切なリカバリーを行った。それにより、以前よりもいい条件で働くことができるようになった。詳細はすでに述べたとおりだ。

何かを失ったのではない。失敗によって、大きく前進することができたのだ。おそらく、失敗というものの本質は、世間で考えられているところの正反対にあると思う。

失敗は避けるものではない。とくに**経営者は、失敗を避けてはいけない**。まずは挑戦したことを素直に評価し、どうリカバリーすればいいのかを考え、迅速に行動することだ。

だからこそ、**経営者は、失敗そのものに気を取られている暇などない**。いち早く行動し、分析し、同じ失敗を二度とくり返さないよう、戦略を練り直さなければならないのだ。

たしかに、失敗をそのまま放置しておけば、何かを失ってしまうかもしれない。ただただ落ち込んでいるだけでは、リカバリーなどあり得ない。失敗は、失敗したあとが大事なのだ。

リカバリーまでを含めて、求めるべき失敗であることを、強く主張しておきたい。

❖4つのリカバリー手法

では、具体的に、どうやって失敗からリカバリーすればいいのか。ポイントは4つある。

①失敗してもあきらめない

ひとつ目は「失敗してもあきらめない」ということである。言い換えれば、「**自分の運を信じる**」ということだ。自分は運がいいのだ、と。「**今回はたまたま失敗したけれど、次は必ずうまくいくはずだ**」と心から信じてあげることである。ウソでもいいから、自分を信じてあげることによって、まず自分自身がだまされる。結果、どんな困難も乗り越えられるようになる。大切なのは心的な姿勢だ。

②「失敗」という言葉を自分の辞書から放逐する

前項でも述べたが、失敗という言葉を自らの辞書から放逐してしまうのもオススメだ。失敗は英語で「failure」。イメージとしては立ち直れないという印象が強い。なので、失敗ではなく、「**挫折**」という言葉を使うようにする。英語では「setback」だ。失敗が永久的なものに対して、挫折は一時的なものである。**一時的なら、リカバリーによって取り返せるというマインドを持つことだ。**

③ 胸をはる、笑顔になる

失敗をすると、周囲が励ましてくれる。「大変だったね」「辛かったね」と。同情してくれる人もいる。しかし、世の中、そういう人たちばかりではない。「ざまあみろ」と影で喜ぶ人もいるのだ。もし、失敗して落ち込む、あるいはさみしい顔をしたり、しらけていると、「あいつはダメになった」と烙印を押されてしまうかもしれない。だからこそ、胸を張るのだ。**無理にでも笑顔になる。自分も周囲もだましてしまう。**すると、「なんであいつは失敗したのに元気なのだろう」と不思議がる。やがて「へこたれない、大したやつだ」と評価してくれるようになる。**失敗したときこそ胸を張ろう。**

④ メンターに相談する

失敗したとき、相談できるのがメンターだ。やはり、失敗すると心配なことも多いだろう。これからどうすればいいのかと、途方に暮れてしまうこともあるかもしれない。そこで、メンターに相談するのだ。過去の失敗から、どのように立ち直ったのかを教えてくれるかもしれない。ビジネスや経営の知恵、そして生きる勇気まで、もらえるかもしれない。

メンターが3人いれば、さまざまな視点からアドバイスをもらえるだろう。

私は、これら4つの手法を実践することで、失敗からリカバリーしてきた。3回の大きな挫折があったが、3回とも立ち直った。そして、前よりも良い立場へと移行することができたのだ。

❖若いうちに失敗経験を積ませることも後継者育成のひとつ

失敗を経て、強くなるか弱くなるか。そこにはちょっとした差しかない。大きなことをしようと意気込む必要はない。4つのポイントからもわかるように、**心の姿勢をどのように保つかによって、リカバリーは可能なのだ**。

一方で、まったく失敗しないまま歳を重ねてしまえば、失敗がどんどん怖くなる。リカバリーするチャンスも、相談する相手も少なくなっていく。場合によっては、周囲が相手をしてくれないということもあるかもしれない。

そのときになって、失敗して、リカバリーしようと思っても、手遅れである。いくつになってもチャンスはあるが、**こと失敗に関して言えば、若いうちに経験しておいたほうが**

いい。若いうちは周囲が可愛がってくれることも多いからだ。

そして、若いうちというのは、往々にしてそれほど結果も求められない。それほど期待もされていない。むしろ、経営者からは「何かしら挑戦してほしい、そして失敗して新しい風を吹かせてほしい」、そのように期待されているかもしれない。

そういう会社は若者が元気だ。イキイキしている。**失敗を奨励する文化ができており、女性、シニア、外国人といった新しい人財も活躍していることが多い**。まさに、これからの社会を代表するような形態を取り入れているのだ。

失敗を経て強くなる。会社も、経営者も、そして社員も。そのことを忘れないようにしたい。

POINT

失敗を重ねてこそ経営者は強くなる。後継者候補にも若いうちにたくさんの失敗を経験させておきたい。

4

経営者が絶対にしてはいけない失敗

❖会社を絶対につぶしてはいけない

ここまで、積極的に失敗すること、そして失敗を奨励する文化を社内に醸成することを勧めてきた。挑戦することに対して、肩の荷が下りた方もいることだろう。

ただし、ひとつ勘違いしてはいけないことがある。**経営者には、絶対にしてはいけない失敗がある、ということだ**。それはなにか。

会社を倒産させることである。

たしかに、会社をつぶしてからも、再起を果たしている人はたくさんいる。前よりも大きな会社をつくったという人もいるほどだ。そう考えると、やはり、ひとつの失敗として認めてあげるべきかもしれない。

しかし経営者は、間違っても、「会社を倒産させることもひとつの失敗、つまり経験なのだ」と開き直ってはいけない。会社が倒産すれば、社員、顧客、株主、そのほか多くのステークホルダーに迷惑をかけてしまうことになるからだ。

倒産して、リカバリーするのは勝手である。しかし、果たして関係者すべてがリカバリーできるだろうか。その保証がない以上、「**経営者が犯す最大の罪は会社をつぶすこと**」という認識を強く持ってもらいたい。

とくに、黒字倒産など、目も当てられない。儲けは出ているのに、キャッシュフローが回らないというのは経営者の責任である。世間の景気のせいにしてはいけない。

❖会社が倒産する理由のほとんどは経営者にある

以前、会社を倒産させてしまった経営者が集まる会を傍聴したことがある。そこで話し合われていたテーマは、「**会社を倒産させてしまった最大の理由はなにか**」というものだ。結論としては、次の４つだった。

①　経営者の傲慢

「自分にはすべてわかっている」「もはや学ぶことはない」と思ってしまうことだ。かつてはがむしゃらに努力していた人も、**成功によって、傲慢になってしまう**ことがある。すると、そこから少しずつ破滅がはじまっていく。過去の成功にすがり、新しい学びを得られなくなる。自分でなんでもやろうとしてしまう。その結果、変化に対応できず、会社がつぶれるまで迷走してしまうのだ。

②経営の原理原則を学ばなかった

経営をすべて我流でやってしまい、うまくいっていた時期は良かったものの、壁にぶつかった瞬間、ダメになってしまう。経営者は、挑戦し、壁にぶつかり、乗り越えていく。その連続だ。自分の小さな実力だけを頼りに成功できるほど簡単なものではない。**経営の原理原則を学び、新しきを取り入れることで、壁を乗り越えなくてはならない**。

③人財育成の育成を怠った

後継者も含めて、**人財が育たなければ会社は大きくならないし、成長しない**。経営者の仕事が、会社を勝ち残る企業にすることであるなら、後継者がいないというのは問題外だ。社内の人財も同様である。**目先の利益にとらわれてしまうと、中長期的な視点を失ってしまう**。短期的な成功に満足してしまう。気づいたときには手遅れになってしまう。

④売れる新商品・新サービスをつくれなかった

経営には革新が必要である。どんな商品も、どんなサービスも、永続的に選ばれるということはない。**社会が変われば、顧客のニーズも変わるのだ**。とくに、現代では、驚くほどスピーディな変化が起きている。**経営者自身が変わろうという強い意志を持っていなければ、新しい商品も、新しいサービスも生まれてこない。**

これらの４つは、すべて、経営者に問題があるために生じたものだ。つまり、会社がつぶれる要因のほとんどは、経営者に起因していることになる。

ロシアのことわざに「魚は頭から腐る」というものがある。**会社も同じで、経営者から腐るのだ。**トップがダメになった会社のことを「**ＡＢＣの病**」と言う。経営者がarrogance（傲慢）になり、basic（基本）を忘れ、complacency（満足）してしまう。

会社をつぶすのは経営者だ。自分に能力があると誤解する。周囲の声を聴かなくなる。耳の痛い話を避けるようになる。苦言、直言、諫言を言う部下を周囲に置かなくなる。そうなったら要注意だ。

果たしてあなたは大丈夫だろうか？

❖許していい失敗、ダメな失敗

一方、社内の失敗についてはどうだろうか。

基本的に失敗は奨励するべきだが、すべての失敗が正しい方向に働くとは限らない。なかには、気をつけなければいけない失敗もあるはずだ。

経営者の視点から、許していい失敗とダメな失敗に分類すると、**許していい失敗とは「計算されたリスクに基づいて果敢にチャレンジしたけれど、結果的にうまくいかなかったケース」である**。

あらかじめ失敗したときのことを考え、リスクを計算し、果敢にチャレンジする。その結果、たとえ失敗したとしても、致命的なダメージを受けることはないだろう。むしろ、学ぶことのほうが多いはずである。これは許していい失敗、奨励すべき失敗だ。

では、**許してはいけない失敗とはなんだろうか。事前の準備をまったくせず、調査も情報収集も不十分で、さらには議論を尽くさずに実行してしまった場合の失敗だ**。これは、リスクを積極的にとりに行っているのではなく、ただの博打《ばくち》である。

ビジネスはギャンブルではない。**理念のもとに目標を掲げ、戦略的に事業を展開する、非常に高度な戦いだ。**

たしかに、失敗は必要である。大きな学びを得られることも多い。しかし、経営者が会社を倒産させてはいけないように、**社員もまた無意味な失敗をくり返すべきではない**のだ。してもいい失敗と、してはいけない失敗。失敗には、その二種類があることを肝に銘じておこう。

❖結果を分析して失敗から学ぼう

経営上の失敗を上手にマネジメントする方法には、**PDC**（Plan、Do、Check）がある。経営における基本的なマネジメントサイクルだ。

計画を立て、実行に移し、評価する。さらにAct（改善）を加えて「**PDCAサイクル**」と呼ぶことも多い。いずれにしても、一連の流れがあるからこそ、失敗がきちんと生かされるのだ。

ＰＤＣを着実に実践しているかぎり、してはいけない失敗が一度以上起こることはないだろう。ただ、**多くの会社でＣ（評価）がおろそかになっているのも事実**だ。

たとえば、売上目標が１００億円だったとして、実際の売上が80億円だった場合。「目標には20億円届きませんでした。達成率は80％です」というだけでは、正しい評価が行われているとは言えない。これではただの報告である。

では正しい評価とはなにか。次のような確認を、しっかりとすることである。

- なぜ目標を達成できなかったのか？
- 目標達成の障害となったものはなにか？
- その障害を避けることは可能だったか？
- 担当者の質や数に問題はなかったか？
- 今回の結果を踏まえて、どのような戦略を構築するべきか？

このような「評価」を行うことで、失敗が「学習」「反省」「改善」につながるのだ。

経営者の場合には、年次の売上計画や利益計画を立て、資源の配分を行い、実行し、評価して、次の計画を立てる。あるいは理念や目標、戦略の見直しを行う。

営業社員の場合で言えば、目標を確認し、達成するための計画を立て、実行し、評価して、次の計画に生かす。

PDCサイクルは、悪い失敗をなくし、良い失敗を生み出すための重要な仕組みである。

POINT

経営者が絶対にしてはいけない失敗は「会社を倒産させる」こと。してはいけない失敗と、してもいい失敗があることを理解しよう。

5

経営者は社員に前向きなリスクを奨励せよ

❖人は様々な経験を積まないと大きく成長できない

19世紀後半、「電力王」と呼ばれ、実業家として活躍し、政治家でもあった松永安左ェ門という人がいる。ご存知の方もいるかもしれない。

その松永が残した名言に次のようなものがある。

「実業人が実業人として完成するためには、３つの段階を通らぬとダメだ。第一は長い闘病生活、第二は長い浪人生活、第三は長い投獄生活である。このうちの一つくらいは通らないと、実業人のはしくれにもならない」

闘病は文字どおり病気と闘うこと。松永は、大学在学中にコレラにかかり、生死の境をさまよった経験があったそうだ。

浪人は、いまで言うところの「破産」のようなものだろう。32歳のとき、松永の持っていた株が暴落して、さらに家まで焼けてしまった。

松永は投獄も経験している。贈賄容疑で逮捕され、堀川の未決監に放り込まれたのだ。もっとも、贈った側だったので（当時の法律では罪に当たらない）、自白しなかったことが投獄の理由とされている。

これら３つ、そのいずれかを体験している人は、ほとんどいないだろう。とくに投獄などは、あまり褒められたことではなさそうだ。闘病も、浪人も、できれば避けたいものだ。

しかし、松永が言いたかったのは、「**人は、大きな失敗も含め、さまざまな経験をしないと、大きく成長できない**」ということではないだろうか。

❖生存率10％からの生還

私は、闘病・浪人・投獄生活のうち、ふたつを経験している。

ひとつは浪人。前述したように、アメリカ系企業の日本法人の社長時代、本社との意見の対立でクビになったことがある。半年ばかりは仕事のない浪人生活を送った。

もうひとつは闘病だ。２０１２年、すい臓がんを患った。医師からは「すい臓がんを宣告された人で、手術を受けることができる人は10％しかいない」と言われ、驚いたものだ。すい臓がんは、胃の後ろに隠れていて、発見しにくいらしい。だから、たとえ発見できたとしても、10人中９人が手遅れだ、と。

しかも、たとえ手術を受けたとしても、３年以上、生きている人は１割。また10人にひとりだ。１割の１割だから１分。つまり、１００人のうち、ひとりかふたりしか３年以上、生きられないというものなのだ。

「あと３カ月、発見が遅かったら……。あなたの命はなかったでしょう」と医師に言われたとき、人生観が大きく変わった。「**一日を大切に生きよう**」という気持ちが強くなったのだ。

残りのひとつ、投獄は、幸いなことに経験がない（それほど悪いことをした覚えもない！）。

経営者としてのもう一つの浪人の形は、会社を倒産させることではないだろうか。経営者として、会社を倒産させることなく、ここまでやってこられた。社員に対する給料の遅配や、ボーナスの現物支給、大量のレイオフも経験したことがない。

松永翁の言葉に反するかもしれないが、これはある意味、とても幸せなことなのかもしれない。

❖経営者はリスクを恐れるな

私が尊敬する経営者のひとりに、ホンダの本田宗一郎氏がいる。多くのことを学ばせてもらった。

彼が経営者だったとき、社員に対する表彰制度を設けていた。**インセンティブシステム**だ。その内容が、実におもしろい。次のようなものだった。

「この1年間で、会社に最も多額の損害を与えた社員に、トップの社長賞を贈る」

この表彰制度の真意はなにか。もちろん会社の金を盗めということではない。「**新しいプロジェクトに果敢に挑戦し、失敗して会社に損害を与えても、そういったチャレンジを表彰しようではないか**」、ということだ。

本田宗一郎氏は、社員に対して「**失敗を恐れず、リスクをとれ**」と伝えたかったのだろう。

多くの経営者は、リスクを恐れる。たとえ恐れなかったとしても、失敗した社員を罰してしまう。降格人事や左遷を命じてしまうのだ。

誰しも、自分の身が大切だ。失敗した人に冷たい会社で、自らリスクをとろうとする者はいないだろう。

経営者がそのような姿勢では、改革など断行できない。社内は金太郎飴のごとく、似たような人財であふれてしまうだろう。

さすがに「会社に損害を与えてもいい」とはなかなか言えないだろう。しかし、計画的なリスクを奨励するぐらいならできるはずだ。むしろ、やらなければならない。

いずれにしても、闘病・浪人・投獄生活に比べれば、取るに足らないことなのだから。

POINT

経営者は前向きなリスクを奨励しなければならない。社員がリスクを恐れれば、さらなる成長などあり得ない。

本章のまとめ

・経営者は、過去の成功にとらわれてはいけない
・経営者は、常に〝積極的な不満〟を持ち続ける
・経営者は、失敗を奨励しチャレンジできる企業文化をつくる
・経営者は、失敗を重ねてこそ自らを成長させることができる
・経営者が絶対にしてはいけない失敗、それは会社を倒産させることである
・経営者は、社員の前向きな失敗を奨励する

おわりに

私は50年以上、国外・国内にかかわらず、ビジネスの現場にいる。これまで社長職を3社、副社長職を1社経験してきたほか、今でもいくつかの企業の社外取締役を務めている。また、数多くの企業を見て、経営者と話をしてきた。

経営者の責任は重大である。自身の生活を守り、家族を養い、社員の人生を担い、ひいては社会の発展にも貢献しなければならない。

当然、会社をつぶすわけにはいかない。会社が傾いてしまっても、助けてくれる人はほとんどいない。そうした中で、着実に業績をあげ、売上をあげ、会社を成長させて、勝ち残らせていく責任がある。

迷うこともあるだろう。失敗し、挫折しそうになることもあるだろう。そうしたときには、前方を照らす光が必要だ。それが本書の役目である。

統計的な予測を見る限り、残念ながら日本の未来はあまり明るいとは言えない。しかしプラスの兆候もある。起業の垣根が低くなり、若い経営者が増えていることだ。たとえ社会経験が不十分でも、ピカッと光る強みさえあれば、誰でも経営者になれるようになった。

私は、今の経営者に最も必要なのは、悩んだときに立ち返れる「心得」だと思っている。日々メディアにあふれる情報にさらされ、右往左往している経営者が少なくないと感じているからだ。

成功する経営の原理原則をもとにした「経営者の心得」を身につければ、心がブレなくなる。情報に踊らされるのではなく、情報を適切に操れるようになる。経営のリソースである「ヒト・モノ・カネ」も効果的に活用できる。

加えて、本書は、現在管理職に就いている人、将来的に経営者になる予定の人、あるいは経営者を目指している人、そのほか、志の高い一般のビジネスパーソンにも役立つ内容となっている。なぜなら、企業経営の原理原則とは、人生の経営原理原則にも通用するからだ。

予想できない変化に対応するために、本書が道標になると信じている。

【著者紹介】

新 将命（あたらし・まさみ）

株式会社国際ビジネスブレイン　代表取締役社長

1936年東京生まれ。早稲田大学卒業。シェル石油、日本コカ・コーラ、ジョンソン・エンド・ジョンソン、フィリップスなどグローバル・エクセレント・カンパニー6社で社長職を3社、副社長職を1社経験。2003年から2011年3月まで住友商事株式会社のアドバイザリー・ボード・メンバー。2014年7月より株式会社ティーガイアの非常勤取締役を務める。長年の経験と実績をベースに、国内外で「リーダー人財育成」の使命に取り組んでいる。希薄な虚論や空論とは異なり、実際に役立つ“実論”の提唱を眼目とした、独特の経営論・リーダーシップ論には定評がある。ユーモアあふれる独特の語り口は、経営幹部層や次世代リーダーの間で絶大な人気を誇る。主な著書に『伝説の外資トップが説く　リーダーの教科書』『経営の教科書』『伝説の外資トップが説く　働き方の教科書』『経営の処方箋』『伝説の外資トップが説く　仕事と人生で成功するために本当に必要なこと』（以上、ダイヤモンド社）、『伝説の外資トップが説く　勝ち残る経営の本質』『私はこうして外資系トップとして仕事をしてきた』（以上、総合法令出版）などがある。

〈メールアドレス〉

atarashi-m@sepia.plala.or.jp

〈新 将命オフィシャルサイト〉

http://www.atarashimasami.com/

経営者の心得

2015年12月7日　初版発行

著　者　新 将命
発行者　野村直克
発行所　総合法令出版株式会社
〒103-0001 東京都中央区日本橋小伝馬町15-18
ユニゾ小伝馬町ビル9階
電話 03-5623-5121（代）

印刷・製本　中央精版印刷株式会社

落丁・乱丁本はお取替えいたします。

ISBN 978-4-86280-479-2
総合法令出版ホームページ　http://www.horei.com/